Jan Spurk

Europäische Soziologie
als kritische Theorie der Gesellschaft

Otto von Freising-Vorlesungen
der Katholischen Universität Eichstätt-Ingolstadt
Band 27

Herausgegeben von der
Katholischen Universität Eichstätt-Ingolstadt

Jan Spurk

Europäische Soziologie als kritische Theorie der Gesellschaft

VS VERLAG FÜR SOZIALWISSENSCHAFTEN

Bibliografische Information Der Deutschen Bibliothek
Die Deutsche Bibliothek verzeichnet diese Publikation in der Deutschen
Nationalbibliografie; detaillierte bibliografische Daten sind im Internet über
<http://dnb.ddb.de> abrufbar.

1. Auflage Januar 2006

Alle Rechte vorbehalten
© VS Verlag für Sozialwissenschaften/GWV Fachverlage GmbH, Wiesbaden 2006

Der VS Verlag für Sozialwissenschaften ist ein Unternehmen von
Springer Science+Business Media.
www.vs-verlag.de

Das Werk einschließlich aller seiner Teile ist urheberrechtlich geschützt. Jede Verwertung außerhalb der engen Grenzen des Urheberrechtsgesetzes ist ohne Zustimmung des Verlags unzulässig und strafbar. Das gilt insbesondere für Vervielfältigungen, Übersetzungen, Mikroverfilmungen und die Einspeicherung und Verarbeitung in elektronischen Systemen.

Die Wiedergabe von Gebrauchsnamen, Handelsnamen, Warenbezeichnungen usw. in diesem Werk berechtigt auch ohne besondere Kennzeichnung nicht zu der Annahme, dass solche Namen im Sinne der Warenzeichen- und Markenschutz-Gesetzgebung als frei zu betrachten wären und daher von jedermann benutzt werden dürften.

Umschlaggestaltung: KünkelLopka Medienentwicklung, Heidelberg

Gedruckt auf säurefreiem und chlorfrei gebleichtem Papier

ISBN 3-531-14996-2

Inhaltsverzeichnis

	Seite
Vorwort	7
Freiheit und Befreiung als Herausforderung für die europäische Soziologie	9
Soziologie und Soziologen in Europa zwischen Medienrummel, Sozialtechnologie und Gesellschaftstheorie	21
Kritische Theorie und empirische Forschung	43
Perspektiven einer kritischen Gesellschaftstheorie	61
Bibliographie	79

*Der Gesellschaft ins Auge zu blicken, von der die
Gefahr des Untergangs ausgeht, ist heute das
Kennzeichen des von ihr bedrohten, sich selbst
bestimmenden Subjekts. An das Überleben dieses
Subjekts aber knüpft sich die Hoffnung.*

Max Horkheimer

Vorwort

In diesem Band sind vier Vorträge zusammengestellt, die der europäischen Soziologie und den Perspektiven der kritischen Soziologie gewidmet sind.

Im Laufe des Sommersemesters 2005 hat mir die Katholische Universität Eichstätt-Ingolstadt erlaubt, im Rahmen der Otto-von-Freising-Gastprofessur diese Positionen darzustellen, auszuarbeiten und zu diskutieren. Ich danke herzlich allen Kolleginnen und Kollegen, die an diesen Diskussionen teilgenommen haben, und ganz besonders Rainer Greca, für ihre Kritiken, Kommentare und Bemerkungen.

Zwei der hier veröffentlichten Texte sind die überarbeiteten Fassungen von Vorträgen, die ich in Eichstätt gehalten habe. Die beiden anderen Texte sind auf der Grundlage von Vorträgen in Thessaloniki und Paris entstanden, die in unseren Eichstätter Debatten eine wichtige Rolle gespielt haben.

Paris/Kerguillaoët, Juli 2005

Freiheit und Befreiung als Herausforderung für die europäische Soziologie[1]

Europäische Soziologie

Wenn wir über europäische Soziologie sprechen, sollte zunächst geklärt werden, was wir damit meinen. Der Begriff bezeichnet nicht die Gesamtheit der soziologischen Studien, die auf unserem Kontinent ausgearbeitet werden. Diese sollte man eher „Soziologie Made in Europe" nennen. Eine andere Interpretation legt nahe, in den Abhandlungen und Studien, die aus Europa kommen, eine Art europäisches Wesen oder kontinentalen Geist zu entdecken. Es ist ziemlich klar, dass ein europäisches Wesen in diesem Sinne ein Mythos ist, genauso wie es nationale Wesen sind. Nichtsdestotrotz nennen uns unsere nicht-europäischen Kollegen oft europäische Soziologen. Wir unterscheiden uns. Wir sind die Anderen bei der Konstruktion ihrer eigenen Soziologien.

Ich möchte Sie an eine wichtige Diskussion über europäische Soziologie erinnern, die in den 1990ern in der *International Sociological Association* (ISA) geführt wurde. Das berühmte, von Piotr Sztompka und Brigitta Nedelmann herausgegebene Buch *Sociology in Europe* dokumentiert einige der wichtigsten Positionen in dieser Debatte.

Bevor ich mich dem Thema des Kongresses („Soziologie: Eine Lektion in Freiheit") zuwende, möchte ich zuerst den Begriff „nationale Soziologien" untersuchen. Dieser Aspekt wird uns zum zweiten Thema dieses Vortrags führen: der Besonderheit europäischer Soziologie. Abschließend möchte ich der Frage nachgehen,

---

[1] Überarbeitete Fassung des Eröffnungsvortrags des *2nd International Congress of Sociology „Sociology: A lesson on freedom"*, 8-10 November 2002, Thessaloniki, Griechenland.

ob es in der Soziologie von heute so etwas wie eine „Lektion in Freiheit" gibt.

Nationale Soziologien

In der Tat scheint es heutzutage ziemlich verrückt, über nationale Soziologien zu sprechen, da es in unserer Disziplin immer internationale Kontakte und Zusammenarbeit gab. Seit dem zweiten Weltkrieg hatten internationale Austausche, Kooperationen, Netzwerke, soziologische Vereinigungen usw. großen Einfluss auf die Soziologie in Europa. Die internationalen soziologischen Organisationen, wie die *International Sociological Association* (ISA), die *European Sociological Association* (ESA), oder für französischsprachige Soziologen die *Association Internationale des Sociologues de Langue Francaise* (AISLF), spielen weiterhin eine wichtige Rolle bei der Internationalisierung unserer Disziplin. Ich möchte auch auf einen anderen Aspekt der Internationalisierung von Soziologie hinweisen: Natürlich sind die soziologischen Klassiker (Weber, Durkheim, Parsons usw.) sowie einige wichtige zeitgenössische Soziologen in der soziologischen Debatte weltweit präsent.

Was ist eine nationale Soziologie?

Wir müssen sehr klar sein: Eine nationale Soziologie hat nichts zu tun mit einem nationalen Wesen, einem nationalen Geist oder einer anderen Art von Mythos. Es gibt vier Charakteristika, die eine nationale Soziologie bestimmen: Erstens ist die Wahl der Gegenstände soziologischer Analysen oftmals, auf direkte oder eher indirekte Weise, abhängig von den Institutionen eines Nationalstaates. Die Programme der Universitäten und Forschungszentren sind zwei Beispiele dafür, aber wir dürfen auch die Wissenschaftspolitiken und ihre Anforderungen an empirische und anwendungsbezogene Forschung nicht vergessen. Zweitens bleiben die Bezugsräume und die Öffentlichkeit von Soziologie im Allgemeinen national und gehören zum selben Sprachraum. Wir müssen auch feststellen, dass die meisten soziologischen Studien, besonders empirische Studien, die Grenzen von Nationalstaaten nicht überschreiten. Aus diesem Grunde spielen nationale Sprachen eine sehr wichtige Rolle für die soziologische Entwicklung. Drittens hängt die Institutionalisierung der Soziologie vom jeweiligen Nationalstaat ab, der letzten Endes über Wissenschaftspolitik und berufliche Ausbildung bestimmt. Viertens bleibt der Nationalstaat im Allgemeinen der Bezugspunkt unserer empirischen Beispiele und der Phänomene, die wir analysieren. Zeitungen, Zeitschriften und nationale Berufsvereinigungen spielen auch eine wichtige Rolle bei der Konstruktion einer nationalen akademischen Disziplin.

Aber die nationalen Soziologien existieren nur in einem internationalen Raum, in politischer, in wissenschaftlicher, aber auch in intellektueller wie in kultureller Hinsicht. Aus diesem Grunde besteht eine gewisse Durchlässigkeit gegenüber internationalen Bezügen. Diese Bezüge sind in die nationalen Soziologien integriert; in gewisser Weise sind sie eingebürgert.

Europäische Besonderheiten

In gewisser Weise ging die Soziologie aus einer alten europäischen Kultur hervor, die der Renaissance und der Philosophie der Aufklärung entstammte. Aber ich würde gerne auf eine Kontinuität in der europäischen Kultur hinweisen, die wir auch in der frühen Soziologie finden: den Kampf gegen das Böse, gegen Heteronomie in der Gesellschaft und auf diese Weise für Freiheit im Kantschen Sinne: die Autonomie von Menschen, die sich ihres Verstandes bedienen. Das Ziel bestand darin, auf unterschiedliche Art am Aufbau einer besseren Gesellschaft (einer rationaleren, gleicheren, freieren Gesellschaft usw.) teilzuhaben. Aus der Philosophie übernahm die frühe Soziologie auch den öffentlichen Gebrauch von Vernunft und Kritik. Kritik ist die öffentliche, auf Vernunft basierende Entwicklung von Hegels „Negativität". Soziologisch interpretiert bedeutet dies: Gewiss, soziale Phänomene sind, was sie sind, und wir müssen verstehen, was sie sind und warum sie so sind. Aber wir dürfen hier nicht aufhören, weil wir in solchen

Phänomenen auch ihr Potenzial entdecken, anders zu sein, zu sein, was sie noch nicht sind. Falls Sie einen Ausspruch von Jean-Paul Sartre bevorzugen: „Die etablierte Ordnung ist nicht falsch, aber sie könnte anders sein".

Wir dürfen auch eine andere Besonderheit der europäischen Soziologie nicht vergessen: ihre Autonomie. In der Tat gab die traditionelle Soziologie auf unserem Kontinent ihre relative Autonomie gegenüber den gesellschaftlichen, politischen und ökonomischen Mächten niemals vollständig auf.

Soziologen waren weder esoterische Professoren im akademischen Elfenbeinturm noch Unternehmensberater oder Hofnarren. Meistens fand die europäische Soziologie ihren Weg zwischen öffentlichen Anforderungen, sozialen Bewegungen und ihrem Beharren auf Autonomie, wenn auch unter vielen und großen Schwierigkeiten. Aber „Freiheit" wurde eher zum philosophischen als zum soziologischen Problem.

So sehen wir, dass Soziologie in Europa seit ihren Anfängen eine widersprüchliche Einheit von nationalen und internationalen Elementen, von nationalen Besonderheiten inmitten eines gemeinsamen europäischen Hintergrundes gewesen ist.

Jetzt würde ich gerne die Aufmerksamkeit auf die kontinentale Struktur europäischer Soziologie lenken, die seit der Gründung unserer Disziplin existiert. Wenn wir ein wenig vereinfachen und formalisieren, so können wir drei Modelle von Soziologie in Europa unterscheiden.

Das erste Modell betrifft die europäischen Länder mit den ältesten soziologischen Traditionen: Frankreich und Deutschland. Durch ihre nationalen Traditionen, durch ihre gut entwickelte Institutionalisierung sowie ihre Einflüsse auf andere Soziologien waren diese beiden Soziologien die Zentren der europäischen Soziologie. In Frankreich wie in Deutschland ist die Soziologie zwar in den jeweiligen nationalen Kulturen und Sprachen verwurzelt, aber sie hat die Grenzen überquert, um einen wirklich internationalen Raum einer französischsprachigen und einer deutschsprachigen Soziologie zu bilden. Aus historischen Gründen, die vor allem mit der kolonialistischen Vergangenheit zu tun haben, ist der französischsprachige Raum viel größer als der deutschsprachige. Schließlich ist die französischsprachige Soziologie im deutschsprachigen Raum ziemlich unbekannt, genauso wie die deutschsprachige im französischsprachigen Raum.

Das zweite Modell bezieht sich auf diejenigen Länder, in denen die Soziologie erst in letzter Zeit hervortrat, und zwar unter dem Einfluss der anderen europäischen Soziologien, aber auch, natürlich, der amerikanischen Soziologie. Ich denke, dass dies in Spanien, in Portugal, und ebenso hier in Griechenland der Fall ist. Die vielfältigen Einflüsse in diesen Ländern sind zu einer neuartigen Soziologie verschmolzen. Aus diesem Grunde vereinigte sie von Anfang an viele internationale Strömungen in sich.

In den Ländern Ost- und Mitteleuropas finden wir ein drittes Modell. Obwohl diese Soziologie gerade erst zum Vorschein kommt, denke ich, dass sie einen sehr wichtigen Platz in der europäischen Soziologie einnehmen könnte. In einigen dieser Länder mit sehr unterschiedlicher Geschichte wurde in den 1950er und 1960er Jahren eine bestimmte Soziologie als akademische Disziplin etabliert. In anderen Ländern dagegen (zum Beispiel in Polen) wurde die Soziologie in eine anwendungsbezogene und instrumentelle Wissenschaft im Dienste der politischen Macht transformiert. Das Ende dieser Regime beförderte in diesen Ländern große Hoffnungen und Erwartungen hinsichtlich einer neuen Soziologie. Vielleicht haben wir es heute mit einer großen Desillusionierung zu tun. Aber das ist eine andere Geschichte.

Schließlich möchte ich noch die Wichtigkeit derjenigen von uns betonen, die ein bisschen ein Nomadendasein zwischen den verschiedenen nationalen Soziologien fristen und so als Verbindungsglieder zwischen ihnen fungieren. In diesem Fall sind die beruflichen Werdegänge der Soziologen und das Schicksal unserer Disziplin auf besonders interessante Art und Weise verwoben. Als Studierende oder als Berufstätige überschreiten sie Grenzen, vermitteln und befassen sich insbesondere mit der Internationalisierung unserer Disziplin, aber auch mit der Entwicklung der nationalen Soziologien, in denen wir viele internationale Beiträge finden können, die dann eingebürgert werden. Wir müssen auch die kulturellen, politischen und persönlichen Affinitäten berücksichtigen, die die Soziologen aus weder deutsch- noch französischsprachigen Ländern mit diesen oder mit der amerikanischen Soziologie verbinden.

In diachronischer Betrachtungsweise können wir vier unterschiedliche Perioden in der Entwicklung der europäischen Soziologie identifizieren, in denen das Thema „Freiheit" einen jeweils sehr unterschiedlichen Platz einnahm:

Die frühe Soziologie

Wie wir wissen, entstand die Soziologie zunächst in Italien, Deutschland und Frankreich mit der Konstituierung von Nationalstaaten und kapitalistischen Gesellschaften. Diese nationalen Soziologien lebten ihr eigenes Leben, ohne über den jeweiligen Tellerrand hinaus zu blicken. Dennoch stellt Raymond Boudon, der die Schriften von Durkheim, Weber und Tocqueville analysiert hat, heraus, dass diese Klassiker ähnliche Fragen stellen und ähnliche Wege der Theoriebildung beschreiten: „Puzzle lösen", die Einheit von Erklärung und Interpretation, und ein Entwurf von Soziologie als einer öffentlichen Tätigkeit.

Die faschistische Periode

In der Tat konnte im faschistischen Zeitalter die Soziologie in Deutschland, in Italien, aber auch in Frankreich ihre Arbeit nicht wie gewöhnlich fortsetzen. Trotzdem verschwand sie nicht komplett. Nur ein Teil von ihr wurde eliminiert und aufgelöst, so dass viele Soziologen emigrieren mussten, oftmals in die Vereinigten Staaten, weil sie in ihren eigenen Ländern nicht weiter leben und arbeiten konnten. Eine andere Gruppe von Soziologen integrierte sich in den „autoritären Staat" (Horkheimer). Dies galt besonders für die deutsche Soziologie. Auf sehr radikale und zynische Weise wurde soziologisches Wissen den Anforderungen dieser faschistischen Regime angepasst. Diese Anpassung wurde nicht nur durch den freien Willen dieser Soziologen ermöglicht (in diesem Fall müssen sie die Verantwortung übernehmen), sondern auch durch die Umwandlung von Soziologie in verwertbares und anwendungsbezogenes Wissen, eine Art von Expertenwissen. Diese Soziologie verfügte über keine Autonomie mehr, es war kein Platz mehr für öffentliche Kritik und für Freiheit. Sie leistete ihren Beitrag zum reibungslosen Funktionieren und zur Rationalisierung des terroristischen Staatssystems.

Von den 1950er zu den 1970er Jahren

Das Zeitalter von den 1950er bis zu den 1970er Jahren war gekennzeichnet durch die Rekonstruktion und, in den 1960er und 1970er Jahren, durch eine wirkliche Explosion soziologischer Forschung und Lehre. Soziologie wurde an den Universitäten und in Forschungseinrichtungen institutionalisiert und entwickelte sich zu der Wissenschaft, die wir heute kennen. Seit den späten 1970er Jahren führte die öffentliche und private Forderung nach einer professionalisierteren Soziologie zu einer pragmatischen, empirischen und technokratischen Wende in unserer Disziplin. In einem gewissen Sinne war diese Soziologie neuartig: Geboren im postfaschistischen Europa, in Gesellschaften, die zu den Vereinigten Staaten blickten, um ihr Modell einer sozialen und soziologischen Entwicklung zu finden.

Natürlich war diese Soziologie nicht homogen. Es gab einige Strömungen, die sich an der soziologischen Tradition vor dem Zweiten Weltkrieg orientierten, und es gab auch einige kritische Strömungen, die zum Beispiel von der Frankfurter Schule oder einigen marxistischen Autoren inspiriert waren. Aber im Allgemeinen blieb diese neue Soziologie in einem neuartigen gesellschaftlichen Kontext eine instrumentelle Wissenschaft; sie hielt Ausschau nach der Funktions- und Reproduktionsweise des modernen Kapitalismus und versuchte, ihn zu optimieren. Für diese soziologischen Ansätze war das Subjekt tot, wie Foucault sagte, und die Soziologie geriet in Gefahr, eine „Sozialtechnologie" (Habermas) zu werden. Die „Dialektik der Vernunft" hatte eine neue, bürgerlichere Form gefunden: die „Gesellschaft des Spektakels" (société du spectacle) (Debord). Für die Akteure wie für die Soziologen war die Alternative nicht länger „die etablierte Ordnung oder die Möglichkeit einer anderen Gesellschaftsordnung", um Sartre zu paraphrasieren, sondern – ich möchte die berühmte Dichotomie von Albert Hirschman verwenden – „voice" oder „exit". Der

Kampf gegen das Böse, gegen Heteronomie, das Streben nach Freiheit, all dies wird jetzt umgewandelt in die Suche nach einer akzeptableren, einer sanfteren und spaßvolleren Form von Heteronomie.

Der Einfluss der US-Soziologie

Da wir schon über europäische Soziologie sprechen, so lassen Sie uns die wechselseitigen Einflüsse zwischen der amerikanischen Soziologie und der Soziologie des alten Kontinents untersuchen. In der Tat ist, wie Reinhard Münch betont, sogar in den allgemeinsten und theoretischsten Abhandlungen, „amerikanische Gesellschaftstheorie ein Spiegelbild amerikanischen Denkens und seiner Beziehung zur amerikanischen Wirklichkeit, welche nicht der gesamten Vielfalt und Wirklichkeit in den verschiedenen europäischen Ländern entspricht" (Münch 1993, 46). Dennoch funktioniert die europäische Soziologie, dieses Netzwerk nationaler Soziologien, um die französische und die deutsche Soziologie herum gruppiert, auf dieselbe Art und Weise.

Erstens gibt es einen großen soziologischen Mythos, der die Geschichte der amerikanischen Soziologie erzählt, als ob sie sich absolut autonom entwickelt und dann nach dem Zweiten Weltkrieg den alten Kontinent kolonisiert hätte. In Wirklichkeit haben amerikanische Soziologen, wenn sie sich mit der sozialen und institutionellen Realität ihres Landes auseinandersetzten, Argumente, Herangehensweisen, Methoden und Theorien entwickelt, in denen man wichtige Einflüsse der europäischen Soziologie vor und nach dem Zweiten Weltkrieg finden kann. Es ist bekannt, dass es zu Beginn des 20. Jahrhunderts Kontakte und regen Austausch gab. Zweitens betrieb die US-Administration nach dem Zweiten Weltkrieg eine „Reeducation"-Politik, aber diese repräsentiert nicht den wichtigsten Aspekt, wenn man den Einfluss der amerikanischen Soziologie in Europa verstehen will. Viele Soziologen wurden in den Vereinigten Staaten oder zumindest in der amerikanischen Art, Soziologie zu betreiben, geschult und ausgebildet. Drittens ist die Tatsache wichtiger, dass viele Emigranten, die vor dem Faschismus fliehen mussten, mit dem, was sie in den Vereinigten Staaten und von der amerikanischen Soziologie gelernt hatten, nach Europa zurückkamen. Viertens entsprach diese Soziologie den neu entstehenden Gesellschaften in Europa viel eher als die alte europäische Soziologie. Die Vereinigten Staaten galten als Beispiel für die Modernisierung der europäischen Länder. Letzten Endes ging die „Reeducation"-Politik Hand in Hand mit der bestehenden Faszination für das „social engineering", eine besondere Art von „Sozialtechnologie" (Habermas) und soziologischen Expertenwissens.

Die Beziehung zwischen der amerikanischen und der europäischen Soziologie und ihre wechselseitige Durchdringung kann als Rückkopplung charakterisiert werden: Nach dem Zweiten Weltkrieg beeinflusste die amerikanische Soziologie, die in ihren Anfängen von der europäischen Soziologie inspiriert wurde, wiederum die Soziologie in Europa. Einerseits ähnelten diese Einwirkungen den wechselseitigen Einflüssen zwischen den verschiedenen nationalen Soziologien in Europa, da sich die Gesellschaftsstruktur der europäischen Länder mehr und mehr der der USA annäherte. Andererseits ist die weltweit herausragende Stellung der amerikanischen Soziologie eindeutig, worauf auch Parsons anspielt, wenn er von der Soziologie als einer „amerikanischen Wissenschaft" spricht.

Dennoch existierten in Europa nationale Soziologien und ihre Strukturen fort. In Frankreich wie in Deutschland bestanden nationale Soziologien mit amerikanischen Importen, ohne dass sie „kolonisiert" wurden. Ebenso können wir sagen, dass in den anderen europäischen Ländern, in denen unsere Disziplin unter großen Schwierigkeiten aufgebaut wurde (und Sie kennen diese Geschichte besser als ich), amerikanische „Importe" und andere europäische „Importe" nebeneinander bestehen. Schlussendlich gibt es keine Vereinigung oder Synthese dieser unterschiedlichen soziologischen Traditionen. Wie Turner schreibt, „trennten sich die europäische und die amerikanische Soziologie nicht nur aufgrund unterschiedlicher Perspektiven auf substanzielle politische und soziale Sachverhalte, sondern auch aufgrund ihrer unterschiedlichen theoretischen Ansätze" (Turner 1996, 20).

Herausforderungen für die europäische Soziologie

Was sind die Herausforderungen für die europäische Soziologie heute: Gibt es eine „Lektion in Freiheit"? Dies wird mein letzter Punkt sein. In den letzten 20 Jahren haben sich die europäischen Gesellschaften dramatisch verändert. Am Horizont des neuen Europa sehen wir eine ziemlich vereinheitlichte europäische Gesellschaft. Aber ich bin besonders beeindruckt von der Stellung des Individuums in dieser großen gesellschaftlichen Umwälzung. Im vergangenen Zeitalter, in den 1950er, 1960er und 1970er Jahren, waren die Individuen Objekte gesellschaftlicher Entwicklung, wenngleich wir wissen, dass sie gleichzeitig Schöpfer sämtlicher sozialer Phänomene sind. In den Gesellschaften von heute bleiben die Individuen, was sie vorher waren: Objekte. Es gibt keine wirkliche Mobilisierung für den neuen Kapitalismus mit Ausnahme der „voice" im Sinne Hirschmans, aber auch keine Mobilisierung gegen dieses soziale Projekt mit Ausnahme des „exit" (Hirschman). Aus diesem Grunde wurde die Soziologie traurig und verlor viel von ihrer Leidenschaft und ihrer Vorstellungskraft, als ob das Spiel vorüber wäre. Heteronomie scheint zum Verhängnis menschlicher Existenz geworden zu sein, und Freiheit nur ein Traum. Aber es ist nicht unser Job, Science-Fiction-Geschichten zu schreiben.

Ich bin kein Nostalgiker; ich möchte keine Wiederauflage der Sozialwissenschaften, wie wir sie vom Beginn des 20. Jahrhunderts her kennen. Das ist ziemlich absurd. Wir müssen in unsere Disziplin Veränderung mit einbeziehen. Erstens die Institutionalisierung unseres Faches an den Universitäten und Forschungseinrichtungen: Unsere Disziplin ist ein wirklicher Beruf geworden. Auf diese Weise besteht eine Verbindung zur öffentlichen und privaten zielgerichteten Nachfrage nach Experten, aber auch zu Forschung und Entwicklung von Organisationen und Unternehmen. Zweitens helfen uns internationale Netzwerke sowie internationale und europäische Programme, über die traditionelle, auf nationalen Soziologien basierende Struktur der europäischen Soziologie hinauszugehen.

Wir können uns eine wirklich europäische, auf ihren spezifischen Traditionen beruhende Soziologie vorstellen, weil die

Nationalstaaten im Niedergang begriffen sind, weil die internationale Zusammenarbeit umfassende Möglichkeiten bietet und weil sich Europa als ein politischer, sozialer und wissenschaftlicher Raum herausbildet.

Für die Zukunft haben wir die Wahl zwischen zwei Möglichkeiten: Zum einen Soziologie als Expertenwissen oder als Fernsehunterhaltung. In einer so verstandenen Soziologie ist kein Platz für Kritik und für Freiheit. Zum anderen Soziologie als die Analyse „sozialer Pathologien" (Honneth), die sich mit der öffentlichen und vernünftigen Entwicklung der Zukunft der enstehenden europäischen Gesellschaft beschäftigt und zur Bildung einer Gesellschaft beiträgt, in der Freiheit mehr ist als „just another word for nothing left to loose", wie es Janis Joplin in einem ihrer berühmtesten Songs aus den 1960er Jahren formuliert. Denn Freiheit könnte der moralische und intellektuelle Horizont sozialer Analyse und öffentlichen Handelns sein. Auf diese Weise wäre in der Gesellschaft von morgen menschliches Leben ein langer und endloser Weg in Richtung Befreiung. Wir wissen, dass Soziologen Gesellschaft nicht erschaffen, die Handelnden tun dies selber. Aber unsere Wissenschaft als eine öffentliche Reflexion menschlicher Existenz in der Gesellschaft, wie sie ist, trägt zu ihrer Konstituierung bei. Wir sind verantwortlich für das, was in unseren Gesellschaften passiert.

Eine letzte Überlegung: Anstatt nostalgisch zu sein, müssen wir zu den Wurzeln der Sozialwissenschaften in Europa zurückgehen, zu ihrer Entstehung in der „Krise der europäischen Wissenschaften", wie der deutsche Philosoph Husserl feststellte. „Krise" meint hier die „Entleerung" (Husserl) von Transzendenz und Subjektivität aus den Sozialwissenschaften, welche positive und positivistische Wissenschaften wurden, unfähig, menschliche Existenz, menschliches Leiden und menschliche Hoffnungen kritisch zu analysieren. „Die einfachen Tatsachenwissenschaften produzieren Tatsachenmenschen ... In unserer existenziellen Not ... hat uns diese Wissenschaft nichts zu sagen" (Husserl). Es ist ziemlich eindeutig, dass in dieser Wissenschaftstradition kein Platz für Freiheit ist. Diese Soziologie müssen wir überwinden. Wir täten besser daran, diese traurige Tradition aufzugeben und die reale „existenzielle Not" zu betrachten, die überall existiert, in allen

Teilen der Gesellschaften rund um den Erdball. Das ist die zentrale soziologische Herausforderung.

Soziologen müssen begreifen, dass sie es nicht mit Tatsachen zu tun haben, sondern mit Menschen, die zusammen leben und arbeiten, wie Durkheim sagte. Menschliches Leben ist dramatisch, weil es nur ein kurzes Dasein von einigen Jahrzehnten zwischen dem Nichts und der Vernichtung beinhaltet, aber es ist auch ein lebenslanges Projekt: Wir erschaffen unser Leben mit anderen in der Gesellschaft, wir erschaffen die Gesellschaft, und wir erschaffen die Zukunft. Selbst wenn Geschichte kein Verhängnis oder Schicksal ist, sind wir nicht gänzlich frei, zu tun, was wir tun wollen, falls wir überhaupt wissen, was wir tun wollen. Aus diesem Grunde ist es nicht unsere Aufgabe, die Gesellschaft, wie sie ist, zu verurteilen, sondern Soziologie als Gesellschaftskritik ergründet den Zustand der Gesellschaft und die Gründe dafür. Ebenso erkundet sie das Potenzial zur Überwindung derjenigen Bedürfnisse, Mängel und Defizite, die Leiden in materieller, sozialer und auch geistiger Hinsicht erzeugen. Menschen suchen Sinn in ihrem gesellschaftlichen Leben. Auf der Suche nach Freiheit müssen wir Fragen stellen und Antworten suchen über unsere eigene Existenz und den Sinn dieser Existenz, über Menschen als Subjekte ihrer eigenen Freiheit ebenso wie über Vernunft und Unvernunft in der Gesellschaft. Auf diese Weise, und ich komme zum Schluss meines Vortrags, könnte eine Soziologie in europäischer Tradition das traurige und bürokratisch kalte Expertenwissen überwinden und eine lebendige, dramatische und hoffnungsfrohe Wissenschaft von der Gesellschaft hervorbringen, eine Wissenschaft voller sozialer Phantasie.

Soziologie und Soziologen in Europa zwischen Medienrummel, Sozialtechnologie und Gesellschaftstheorie

Einleitung

Heute wie gestern war die Soziologie immer vielfältig und durch konkurrierende Positionen, Ansätze und Strömungen gekennzeichnet. Es hat nie den einzigen soziologischen Blick oder gar die Soziologie gegeben. Es gab und gibt allerdings eine Reihe von verschiedenen Vorverständnissen dessen, was nun das Objekt, was die Methode und die Zielrichtung der soziologischen Erkenntnis sein sollen. Und es gibt natürlich noch mehr Ergebnisse, die sich zu dem buntscheckigen Fell der Soziologie zusammenfügen. Der heterogene, konkurrenz-disputgeladene Charakter der Soziologie ist im Laufe der kurzen Geschichte meiner Disziplin immer wieder benannt und oft bedauert worden. Es gab also nie eine einheitliche heile Welt der Soziologie, die aus irgendwelchen Gründen in ihre Dekadenz- oder Krisenphase eingetreten ist. Die Soziologie war und ist eine Vielzahl von Versuchen, die Gesellschaft, in der die Soziologen leben, zu verstehen.

Die Soziologie in ihrer Vielfalt war auch nie der einzige Diskurs über die Gesellschaft oder bestimmte gesellschaftliche Phänomene, selbst wenn man schon früh innerhalb der Soziologie solche Monopolansprüche findet, bei Auguste Comte z.B. Wir finden die Diskurse über die Gesellschaft sowohl im Alltagswissen und in den Weltanschauungen der Subjekte als auch in den verschiedensten künstlerischen Formen (Literatur, Film etc.) aber auch in anderen wissenschaftlichen Diskursen (Philosophie, Anthropologie ...)

Trotz ihres reichen Erbes scheinen die Sozialwissenschaften im Allgemeinen und die Soziologie im Besonderen heute relativ zusammenhanglos, stromlinienförmig, politisch korrekt, traurig, gelegentlich sogar etwas trivial und im Grunde ziemlich hilflos zu sein.

Den entstehenden Sozialwissenschaften ging es darum, oft in der Tradition der Aufklärung, Beiträge zum Verstehen der Gesellschaft und zum Verstehen der Existenz der Individuen in der Gesellschaft nach den Kriterien der Vernunft zu entwickeln, damit sowohl die Gesellschaft als auch die individuellen Existenzen vernünftiger und humaner werden.

Von diesem Anspruch ist heute nicht mehr viel übrig geblieben.

Wenn man die soziologische Landschaft betrachtet, so stellt man sehr schnell fest, dass sie nicht nur weitgehend ihren der Aufklärung verbundenen kritischen Impetus aufgegeben hat. Der Anspruch, die Gesellschaft verstehen zu wollen und verstehen zu können, erscheint häufig anachronistisch und er wird auch oft ganz aufgegeben. Die traditionelle Vielfalt der Disziplin wurde zu einer schier unüberschaubaren und recht chaotischen Mannigfaltigkeit weitergetrieben. Sie ist außerdem zerrissen und oszilliert zwischen einerseits einem relativ sterilen Akademismus, andererseits der Integration in die Kulturindustrie und schließlich der Instrumentalisierung. Auch gehen die Vorstellungen über den Beruf und die Berufung der Soziologen (über die sich beispielsweise Max Weber bekanntlich schon den Kopf zerbrochen hatte) sowie die Praktiken, die man „soziologisch" nennt, so weit auseinander, dass man sich fragen muss, ob dabei noch von demselben Beruf die Rede ist. Zwischen dem Wissenschaftler im Sinne von Webers „Gelehrten", dem Medienakteur und dem Experten liegen Welten, und die Besonderheit des soziologischen Diskurses ist oft nur mit viel Mühe (wenn überhaupt) von den Diskursen der Journalisten, der Politiker oder der Experten, z.B. der Sozialpolitik, zu unterscheiden.

In dieses Durcheinander möchte ich ein bisschen Ordnung bringen, indem ich

1. zunächst kurz die Situation der Soziologen und ihrer Disziplin der Gesellschaft bestimme

2. dann etwas länger in einer diachronischen Perspektive auf die Entstehungsphase der Soziologie am Beispiel Frankreichs eingehe. Hier finden wir die Grundlagen der verschiedenen Soziologietypen und Soziologentypen von heute
3. schließlich werde ich einige Grundzüge der heutigen Gesellschaft in Europa benennen und eine Typologie der Soziologen und der Soziologien in dieser Gesellschaft entwerfen.

1. Soziologen und Soziologien in der Gesellschaft

Um die verworrene Lage der Soziologie besser zu verstehen, muss man sich zunächst vor Augen halten, dass die Soziologen als Subjekte in der Gesellschaft leben, die sie analysieren. Der Soziologe ist wie jedermann ein situiertes Subjekt, und als situiertes Subjekt betreibt er sein Handwerk. Seine Erfahrungen formen und schärfen seinen soziologischen Blick, wecken seine Sensibilität und nähren seine „Empörung" (Horkheimer) über gewisse Missstände in der Gesellschaft. In der Soziologie denkt man seine Beziehungen und sein Verhältnis zur sozialen Welt, seine Erfahrung dieser Welt und die Objektivität seiner Welt. Durch diese „Einschreibung in den wirklichen Lebensprozess" (Horkheimer) kann der Soziologe sich auf konkrete Situationen beziehen, in denen die gesellschaftlichen Subjekte leben, ohne sich in eine Position der Exteriorität zurückzuziehen. Ohne diese Einschreibung läuft die Soziologie Gefahr, zu einer Ansammlung von Beschreibungen, Datensätzen, Thesen und Hypothesen zu werden, die keine Verbindung mehr mit den konkreten und lebendigen Sozialbeziehungen haben, in denen die Individuen leben. So anschaulich oder so beindruckend sie auch immer sein mögen, es handelt sich um Artefakte. Stattdessen geht es darum, die Phänomene systematisch zu erklären „als in den sozialen Körper verwoben, dem sie angehören und der ihre Aktivität regelt" um mich mit Horkheimers Worten auszudrücken.

Doch den dominanten Positionen der Soziologie zufolge schafft sich die Gesellschaft selbst und sie zwingt den Subjekten ihre Gesetzmäßigkeiten auf. Die Subjekte sind somit keine Subjekte mehr, sie werden zu Agenten dieser Gesetze. D.h., in fine, dass alle Subjekte, auch die Soziologen, Objekte der Gesellschaft sind, die sie verstehen wollen.

Wenn die Soziologie diese heteronome Perspektive akzeptiert, erscheinen ihr die gesellschaftlichen Prozesse als unausweichlich, als Fatalität. Sie werden naturalisiert: das ist die „zweite Natur", um diesen von Georg Lukacs (1922/1978) geprägten und von der Frankfurter Schule so oft benutzten Begriff zu gebrauchen. Aber „der Lauf der Dinge wird zur Natur, wenn wir uns nicht über seinen Sinn befragen" (Weber 1904/1984, S. 84).

Aus diesem Grund hatte sich die Soziologie anfangs gegen die Naturalisierung der Sozialbeziehungen entwickelt, u.a. durch die Kritik der essentialistischen Vorstellungen, z.B. einer menschlichen Natur, um die sozialen Prozesse zu denaturalisieren und um mögliche Formen des sozialen Wandels zu denken. Die Sinnsuche ist das Zentrum des soziologischen Verstehens, und sie kann zur Beherrschung des Sozialen führen, zumindest auf der theoretischen, aber vielleicht auch auf der praktischen Ebene.

Die soziologische Forschung als Sinnsuche kann die verschiedensten Formen annehmen. Dabei hat der Streit empirische Forschung versus theoretische Forschung wenig Sinn, sondern es geht darum, dass die Soziologen von den Mängeln und der Dysfunktionalität der Gesellschaft betroffen sind, das meint der Horkheimer'sche Begriff der „Empörung", und dass sie deshalb bei ihrer Suche nach dem Verstehen dieser Gesellschaft verschiedene Erkenntnispositionen einnehmen zu der Gesellschaft, so wie sie ist, so wie sie war und so wie sie sein könnte.

2. Diachronie

Wir wollen nun in einer diachronischen Perspektive und mit einem besonderen Blick auf die französische Soziologie einige wichtige Kontinuitäten herausarbeiten, die uns das Verstehen der heutigen Lage der Soziologie und der Soziologen erleichtern. Dabei geht es nicht um den Abriss der Ideengeschichte der Soziologie in Europa, sondern unser soziologischer Blick richtet sich auf die Entstehung und Entwicklung der Soziologie im Prozess der gesellschaftlichen

Entwicklung in Europa. Es handelt sich um einen doppelten Überwindungsprozess: 1. die Überwindung der traditionellen Gesellschaft, die den Kapitalismus und, in fine, unsere heutige Gesellschaft hervorgebracht hat, die wiederum vor möglichen, offenen und unsicheren Zukünften steht. 2. Es geht auch um die Überwindung der Gesellschaftstheorie, die mit der Entstehung des Kapitalismus die Soziologie hervorgebracht hat und die ebenfalls vor möglichen, offenen und unsicheren Zukünften steht.

Ich möchte in dieser diachronischen Perspektive zunächst nur in Erinnerung rufen – denn dies ist hinlänglich bekannt – dass die Soziologie erst im 19. Jahrhundert entstanden ist, und dass sie (wie wir eingangs sahen) nie die einzige wissenschaftliche Disziplin war, die sich den Kopf über die Menschen, die Gesellschaft und ihre möglichen Zukünfte zerbrach. Nicht nur dass es viele andere Sozialwissenschaften gab und gibt, in Europa gibt es auch eine lange philosophische Tradition, die sich dieser Fragen angenommen hat und die, zumindest anfangs, die Soziologie tief beeinflusst hat. In diesem Zusammenhang sind etwa die Arbeiten von Thomas von Aquin, Hobbes, Locke, Descartes, Kant, Hegel etc. zu nennen.

Doch in Europa entstand mit der Soziologie im 19. Jahrhundert eine besondere Art, die Menschen, die Gesellschaft und v.a. den konstitutiven Zusammenhang zwischen ihnen zu analysieren. Es geht nunmehr darum, in handlungstheoretisch orientierten Sozialanalysen das Verhältnis von Individuen und Gesellschaft, zunächst im entstehenden Kapitalismus, zu verstehen. Das ist die lange Tradition der soziologischen Gesellschaftstheorie. Schon Talcott Parsons hat sie in seiner bekannten magistralen Art dargestellt, und auch Hans Joas z.B. hat – m.E. überzeugend – Art, häufig darauf hingewiesen.

Halten wir außer dieser fundamentalen Handlungsorientierung der Soziologie auch fest, dass die Soziologie immer von einer ganz spezifischen und konkreten Gesellschaft handelt. Es gibt keine Gesellschaft an sich. Es geht um die kapitalistische Gesellschaft, selbst wenn dieser Begriff mittlerweile politisch etwas unkorrekt geworden ist, eine Gesellschaft, die sich schon sehr früh globalisierte.

Wenn man die Geschichte der Soziologie betrachtet, so stellt man fest, dass diese Disziplin anfangs angestrengt über den Bruch mit der traditionellen Gesellschaft und über die Entstehung der neuen, der kapitalistischen Gesellschaft gearbeitet hat. Wir finden schon hier die mehrmals angesprochene Vielfalt der Positionen wieder. Die Durkheim'schen Begriffe der „mechanischen und der organischen Solidarität" oder die Tönnies'schen oder die Weber'schen Begriffe der „Gemeinschaft und Gesellschaft" sind hinlänglich bekannte Beispiele. Ich denke aber auch an Auguste Comte, für den die Soziologie nicht nur die synthetischste Wissenschaft seiner Epoche war; sie war auch das Mittel, um die Menschheit über ihr historisches Schicksal aufzuklären. Sie soll nicht nur alle Formen der sozialen Totalität und die möglichen Zukünfte darstellen sondern auch politische und soziale Praktiken vorschreiben, damit die Rationalität die Zukunft beherrsche. Dies ist ein enormes und m.E. kritikwürdiges Programm, aber mir ist wichtiger darauf hin zu weisen, dass wir hier mit dem protosoziologischen Anspruch der Expertise zu tun haben.

Es muss besonders betont werden, dass für diese Soziologie „verstehen" heißt, den Sinn aufzuzeigen. In vielfältiger Form und mit vielfältigen Methoden, ist die Soziologie auf der Sinnsuche nicht nur der individuellen Existenz sondern auch der Sozialbeziehungen und, in fine, der Gesellschaft als Totalität. Sinnsuche ist keine Spezialität der Soziologie Max Webers. Max Weber hat dieses Programm besonders explizit, radikal und besonders kohärent formuliert und betrieben. Als „Gegenwartswissenschaft" (Dilthey) sucht die Soziologie die Antworten auf die Fragen nach der Genese, dem aktuellen Zustand und den möglichen Zukünften der Gesellschaft. Hieraus gewinnt sie eine *potentiell* kritische Position.

Ich möchte auch noch den nationalen Charakter der Soziologien in Europa hervorheben. Noch heute, und zu Recht, redet man von der deutschen Soziologie, der italienischen, der französischen... Kurzum: von nationalen Soziologien. Dies ist nicht neu. Von Anfang an wurden die Soziologien zutreffend als nationale Soziologien charakterisiert.

Die junge Soziologie nahm sehr schnell nationalspezifische Formen an, weil sie immer um Sozialbeziehungen konkreter Gesellschaften kreiste. Diese Gesellschaften waren in Europa nationalstaatlich organisierte Gesellschaften. Wenn Sie mir eine gewisse Schematisierung erlauben, so kann man festhalten, dass die französische Tradition von Fragen beherrscht war, die v.a. auf die Fähigkeit der neuen Gesellschaft zielen, einen stabilen und moralisch akzeptablen sozialen Zusammenhang zu schaffen. In der deutschen Tradition herrschte bekanntlich eine eher historische Perspektive vor. Das Tönnies'sche Begriffspaar „Gemeinschaft und Gesellschaft" oder Webers Arbeiten über die Entstehung des okkzidentalen Kapitalismus sowie Simmels Arbeiten über die Vergesellschaftung und die Geselligkeit belegen dies. Ebenso waren die inter-*nationalen* Vergleiche schon weit entwickelt. „Man sucht sich selbst, wenn auf die Suche des Anderen geht", sagt Dominique Schnapper (1998, S.18) treffend. In diesem Sinn haben sich Saint-Simon, Comte und Tocqueville Amerika zugewandt, Weber Asien und Amerika, Durkheim und Mauss dem Pazifik.

Die soziologischen Analysen als Sinnsuche sind also tief sowohl in den nationalstaatlich organisierten Gesellschaften Europas als auch in der Sozial- und Ideengeschichte Europas verankert. Man muss sich in Erinnerung rufen, dass die „traditionelle Gesellschaft" schon lange vor der Französischen Revolution ins Wanken geraten war und theoretische Erklärungen hierfür gefragt waren. Ich denke hier z.B. an die englische Revolution oder an die Krise der spanischen Monarchie, als Elemente des Prozesses, in dem sich allmählich ein besonderes Verständnis der Gesellschaft herausbildet: Das Naturrecht säkularisiert sich, und auf dieser Basis kann man die Gesellschaft ohne den Staat, ja man kann die Gesellschaft gegen den Staat denken. Die Gesellschaft nimmt immer mehr den Platz des *movens* der Geschichte ein. Bei Hobbes, der die Klassiker der Soziologie tief beeinflusst hat, finden wir diesen theoretischen Horizont als ewige Bedrohung der sozialen Ordnung durch den Bürgerkrieg. Die englische Revolution (1640-1688) hat für diese Vorstellung Pate gestanden; wir haben es nicht mit einer paranoiden Fixierung zu tun. Die Gesellschaft wurde nach dem damaligen

Bild der materiellen Welt als Natur beschrieben: eine Natur, die ihre eigenen Gesetze hat, die es zu entdecken gilt, und die der Gesellschaftstheorie die Form einer Art Naturgeschichte der Gesellschaft gibt.

Autoren wie Hobbes oder Machiavelli öffnen den Weg für die Gesellschaftsanalyse, die u.a. auch zur Herausbildung der Soziologie führte. Die Gesellschaft wird nicht nur zu ihrer eigenen Norm, sie ist – wie auch die Legitimität der Macht – das Ergebnis des menschlichen Willens. Die Menschen schaffen sie und somit ist die Zukunft der Gesellschaft auch die Zukunft der Individuen. Soziologischer ausgedrückt: das Individuum ist nicht nur ein Element der Masse, es ist sowohl der empirische Mensch, der die Gesellschaft konstituiert, als auch derjenige, der den wissenschaftlichen Diskurs über diese Gesellschaft führt. Im und durch das *Subjekt* sind die Konstitution und die Analyse der Gesellschaft verbunden. Kant hat dies schon in seinem Begriff des „transzendentalen Subjekts" theoretisiert oder Descartes in seinem Begriff des „cogito". Beide Begriffe laden sich durch die Beobachtung des empirischen Menschen begrifflich auf. Die empirische Welt, die soziale Welt ist gefasst als ein Raum, in dem die Willen zusammentreffen. Man erkennt die ersten Konturen der Öffentlichkeit und der Medien.

Halten wir zunächst fest, dass die Soziologie nicht nur ein zutiefst okkzidentales und zunächst europäisches Denken ist und dass sie konstitutiv mit der Entstehung des Kapitalismus in Europa verbunden ist. Sie ist auch eine mögliche wissenschaftliche Antwort auf die Fragen, die der große gesellschaftliche Umbruch, in dem die kapitalistische Gesellschaft entstanden ist, aufgeworfen hat.

Schauen wir uns nun die Antworten der frühen französischen Soziologie auf diese Fragen an! In Frankreich war die Soziologie von Anfang an von dem Paradigma der sozialen Integration dominiert, und sie ist es heute immer noch. Das Beispiel Saint-Simons belegt treffend, dass der Donnerschlag der Französischen Revolution die prägende Lebenserfahrung ist, die diese Protosoziologen auf die Suche nach der sozialen und moralischen Reorganisation des Landes schickte. Seine Einschätzung der Revolution ist gesalzen, und sein Urteil über die Revolution ist ohne große Nuancen negativ.

Für Saint-Simon gilt es auch Abschied von der Philosophie des 18. Jahrhunderts, d.h. auch von der Aufklärung, zu nehmen, die er als kritisch und revolutionär charakterisiert. Sie sei durch eine neue, dem 19. Jahrhundert adäquate Theorie zu ersetzen, die „erfinderisch und organisatorisch" (Saint-Simon) sein soll. Quételet oder Le Play widmeten sich v.a. der Entwicklung von verwaltungsverwertbaren Techniken und Informationen, die der Elite zur Verfügung stehen sollten. Ist bei Saint-Simon der Expertenanspruch schon klar formuliert, können Quételet und Le Play als Vorläufer der „administry research" (Lazarsfeld) betrachtet werden.

Wenn wir wieder auf Saint-Simon zurückkommen, so sehen wir, dass er unter Einfluss der amerikanischen Revolution, die er teilweise miterlebt hatte, die Bedeutung der „Alltagsmoral" (Weber) hervorhebt. Sie trägt ein Gesellschaftsprojekt, das einen Raum (den man später als Zivilgesellschaft theoretisch fasst) neben oder gar gegen den Staat schafft. Er unterstreicht auch die zentrale Rolle der Wirtschaft und die Notwendigkeit einer moralischen Fundierung der Gesellschaft. Hier finden wir eines der großen Themen der jungen französischen Soziologie, das sich, mehr oder minder, bis heute durchhält: die Suche nach moralischen Kriterien der Gesellschaft und den Möglichkeiten, diese Kriterien in der Gesellschaft zu realisieren. Sieht man von einigen recht phantastischen Vorschlägen Saint-Simons ab, so möchte ich seinen bekannten, aber sehr wichtigen Vorschlag hervorheben, dass die Konsolidierung der Gesellschaft, d.h. der französischen Gesellschaft, nur durch die systematische Bildung und Rekrutierung der Eliten, der besten Elemente der verschiedenen Sektoren der Gesellschaft möglich ist. Diese Konsolidierung bedarf einer Reorganisation der Gesellschaft, der Eigentumsverhältnisse, der Wirtschaft und v.a. der Eliten. Wir haben es mit einer ganz eindeutig sozialreformerischen Expertenposition zu tun.

Gehen wir einen Schritt weiter zu Auguste Comte, dem wir bekanntlich nicht nur den Namen „Soziologie" verdanken (dies ist nicht weiter von Belang) sondern auch den soziologischen Positivismus, der sich natürlich auf Saint-Simon bezieht, und der einen anderen Grundstein des soziologischen Expertenwesen gelegt hat. Allerdings muss der Begriff „soziologischer Positivismus" sehr vorsichtig benutzt werden. Comtes Positivismus wird u.a. deshalb so häufig missverstanden, weil er selbst seine Arbeiten jahrelang als „physique sociale" bezeichnet hatte. Dieser Begriff geht wieder auf Saint-Simon zurück und diese „Physik" bezeichnet im Grunde nur den Anspruch eine Wissenschaft zu betreiben, die die allgemeinen Zusammenhänge der Teile eines Ganzen erklärt. Bei der „physique sociale" geht es Comte also i.d.S. um die Analyse der gesellschaftlichen Zusammenhänge, die er in seinem Spätwerk als „Soziologie" bezeichnet. Entgegen vieler Vorurteile, weist Comte schroff quantitative Methoden, mathematische oder statistische Modelle und Argumentationen zurück und kritisiert deshalb Quételet z.B. mit harten Worten. Er fordert eine eher historische Methode. Das Wort „positiv" hat für Comte eine ähnliche Bedeutung wie heute im Managementdiskurs oder im Diskurs der Psychotherapien: es geht ihm darum, der Gesellschaft die notwendigen Mittel für ihre Reorganisation zur Verfügung zu stellen. Diese „positive Attitüde" beschreibt das Verhältnis der französischen Positivisten zur französischen Gesellschaft des 19. Jahrhunderts. Das 19. Jahrhundert in Frankreich war nicht nur durch die sehr ungleichzeitige Verbreitung des Kapitalismus gekennzeichnet, es war auch das Jahrhundert der „Revolutionen und Gegenrevolutionen" (Gambetta), die mit der III. Republik, also nach dem verlorenen deutsch-französischen Krieg und nach der Niederschlagung der Pariser Kommune, eine stabile staatliche und nationale Form fand. Es geht Comte und seinen Freunden darum, eine Republik zu denken, in der das „Ancien Régime" und die Revolution zu einer Synthese zusammenfinden, damit die revolutionären Wellen endlich ein Ende finden, ohne in das „Ancien Regime" zurückzufallen. Deshalb ist zunächst der Aspekt „Ordnung" in der Theorie Comtes so wichtig. Es geht ihm darum, Ordnung zu schaffen und zu erklären. Zweitens, und hier ist Littré (der bekanntlich kein Soziologe war) am klarsten, in diesem Positivismus verschwindet allmählich das Subjekt, i.S. eines bewussten Akteurs, zugunsten von Determinismen und geschichtlichen Gesetzmäßigkeiten. Die Freiheitserwartungen und Freiheitserfahrungen der Subjekte in den (sehr kritisch zu betrachtenden) Revolutionsphasen verschwinden unter dem Gewicht der sozialen Objektivationen, sei es nun die „Geschichte" bei Comte oder die „Gesellschaft" bei Durkheim .

Durkheim ist der bedeutendste Repräsentant dieser Soziologie, die sich in diese Republik eingeschrieben hatte, in der jeder Akteur seinen Platz, seine Rolle und seine Funktion hat oder haben soll. *Diese* Soziologie hat ihren Platz, ihre Rolle und ihre Funktion gefunden: das Soziale wird nunmehr neutral formuliert, es darum Verbesserungsvorschläge zu machen und sie argumentativ zu fundieren. Durkheims Engagement in der Bildungspolitik, der Kommunikationspolitik während des Ersten Weltkriegs und in Fragen der republikanischen Moral zeugen davon.

Mögen diese kurzen Bemerkungen genügen, um Ihnen darzustellen, dass sich die französische Soziologie mehrheitlich und von Anfang an, positiv in die Gesellschaft einschreibt. D.h. nicht, dass sie notwendiger Weise eine Apologie dieser Gesellschaft betreibt, sondern sie will an ihrem Aufbau und an ihrem Ausbau, an ihrer Verbesserung mitwirken oder diese sogar anleiten. Und zweitens, das Subjekt verschwindet aus diesen Analysen. Schließlich wird die Kritik fast zu einem Schimpfwort. Kurzum: die Grundlagen der Soziologie als Expertenwesen sind gelegt.

Halten wir von diesem diachronischen Spaziergang durch die Soziologie zunächst fest, dass die Soziologie entstanden war in Europa im Rahmen einiger Nationalstaaten, im Gunde waren es Deutschland, Frankreich und eventuell Italien, als verstehende Antworten auf die manifesten „sozialen Pathologien" (Honneth) und als verstehendes Einholen der „Empörung" (Horkheimer) sowohl der Soziologen als auch der anderen gesellschaftlichen Subjekte. Diese Antworten waren verschieden sowohl in ihrer theoretischen Begründung als auch in ihrer sozialen Situierung. Sie sind immer Diskurse in der Öffentlichkeit, handlungs- und akteursorientierte Diskurse.

3. Synchronische Perspektive: Soziologen und Soziologien heute

Ich möchte zwei konvergierende Grundzüge der Entstehung der heutigen Gesellschaft in Europa festhalten. Es geht mir um die Konjunktion von zwei historischen Brüchen, die die Anfänge einer neuen europäischen Sozialstruktur erkennen lässt und die wir als *seriellen Individualismus* bezeichnen. Die Implosion der sog. sozialistischen Regime in Ost- und Mitteleuropa öffnete den Weg für eine (oft recht wilde) Rekapitalisierung dieser Länder, die sich mit kulturellen, sozialen und nationalen Spezifika mischte, um eine bislang ungekannte Form des Individualismus hervorzubringen. Zweitens in Westeuropa sind schon etwa zehn Jahre zuvor die traditionellen Sozialstrukturen auseinandergebröckelt: die sozialen Klassen in Frankreich und Italien, aber auch in Griechenland oder Portugal, sowie der gemeinschaftliche Kapitalismus in (West)Deutschland ohne, natürlich, die deutsche Wiedervereinigung zu vergessen. Dies war das Ende einer Epoche, und seitdem liegt vor uns ein großes Niemandsland: die gesellschaftlichen, politischen und wissenschaftliche Zukünfte sind offen.

Doch sind wir in Europa meilenweit von einer anomisch-atomistischen Sozialstruktur entfernt, ganz im Gegenteil: auch wenn sie gelegentlich heftig geschüttelt werden, unsere Gesellschaften sind stabil und auf spezifische Weise individualisiert. Halten wir zunächst fest, dass es in den 1980er und 1990er Jahren sicherlich eine gewisse modernistische Begeisterung gegeben hat, aber kaum große Mobilisierungen (u.v.a. keine soziale Bewegungen) für diese Gesellschaft.

Die (oft radikale) Modernisierung der Gesellschaft in den 1980ern und 1990ern war eher durch eine passive Anpassung an dieses politisch getragene Gesellschaftsprojekt gekennzeichnet. Die Subjekte akzeptieren es wie eine Fatalität, weil es kein alternatives Gesellschaftsprojekt gab und gibt. Zur selben Zeit entstehen neue Mängel, die bislang nicht verschwunden sind, und wahrscheinlich auch nicht so schnell verschwinden werden und die oft dramatische Formen annehmen: Sie werden als Stress, als Leiden, als Überforderung und Sinnmangel erlebt, die nicht selten in regelrechte Fluchtverhalten und selbstdestruktive Verhalten münden.

Doch wohin soll die Flucht aus einer Situation führen, die objektiv gar nicht so schlecht ist und zu der man v.a. keine wirkliche Alternative kennt? Die Menschen haben diese gesellschaftliche Dynamik geschaffen, die sie nicht beherrschen, sondern deren Objekte sie sind. Der gesellschaftliche Wandel wird immer schneller: der „speeding up", doch – wie Adorno (1961) schon Anfang der 1960er Jahre gezeigt hat – dieser spektakuläre, permanente und entfesselte Wandel ist im Grunde eine Reproduktion der sozialen Zusammenhänge, die nur wenig wirklichen Wandel kennen.

Dennoch, nicht nur der Blick auf Ost- und Mitteleuropa macht dies deutlich, der Bruch mit traditionellen Formen der Heteronomie eröffnet den Individuen auch neue Freiheitsmöglichkeiten, und das erschreckt; das macht Angst, denn viele der bisherigen Anhaltspunkte und Säulen des Alltagslebens brechen zusammen. Die früher klar vorgeformten Biographien und Berufslaufbahnen werden zerrüttet, wie es die deutsche Soziologie schon früh erkannt hatte.

Der Zerfall der alten Sozialformen hat die Individuen nicht befreit, sondern ihre Wahlfreiheit zwischen „vorgefertigten" (Sartre) Alternativen erweitert. Sie sind wieder Zwängen unterworfen, die sie nicht beherrschen, und die gesellschaftliche Dynamik im Allgemeinen, aber auch ihre individuelle Existenz, erscheinen ihnen wieder als Fatalität, ohne dass sie die frühere, oft erdrückende, Ruhe wiedergefunden hätten. Die Kontinuität besteht darin, dass die Individuen das geblieben sind, was unter den „Anciens Régimes" waren: Objekte. Sie situierten und situieren sich außerhalb der Bewegung der Gesellschaft. Sie arrangieren sich damit. Sie erdulden und erleiden viel, aber sie erleben auch ihre positiven Züge wie man einen schönen Herbsttag erlebt: erfreulich, unberechenbar und vor allem unbeherrschbar. Sie leben und agieren in der Fatalität. Theoretischer formuliert und mit Sartres Worten: wir haben es mit praktisch-inerten Wesen zu tun, die durch die Exteriorität verbunden sind. Diese Situation erscheint ihnen als eine quasi-mechanische Verlängerung ihrer früheren Existenz.

Dies sind, kurz benannt, die Grundzüge des seriellen Individualismus der Gesellschaften in Europa, der das Objekt einer europäischen Soziologie sein könnte und m.E. sein sollte.

Soziologen und Soziologien: Idealtypen

Wenn wir uns die Einschreibung der Soziologen in die soziale Welt, die wir kurz umrissen haben, vor Augen halten, können wir vier Idealtypen entwickeln: den Wissenschaftler i.S. von Max Webers „Gelehrten", den Intellektuellen, den mediatisierten Soziologen und den Experten.

Der Soziologen als *Wissenschaftler* agiert v.a. in der akademischen Welt und hält eine große Distanz zu den großen Öffentlichkeiten. Die Autoreferenz der akademischen Welt mit ihren besonderen Regeln und Normen prägen ihn. Er hat den langen Weg der akademischen Initiation und Qualifikation hinter sich, durch den ihn die akademischen Institutionen führte. In diesen Institutionen (Universitäten, Forschungsinstituten, wissenschaftlichen Gesellschaften etc.) muss er seine Anerkennung finden.

Er ist durch die Bildung gekennzeichnet und nicht durch die Berufsausbildung, i.S. der Erlangung von auf dem Arbeitsmarkt verwertbaren Qualifikationen und Kompetenzen, oder durch den wirtschaftlichen Erfolg. Die Forschung, das Verstehen, das Wissen und die Bildung sowie deren Vermittlung in der Lehre sind die Kernbegriffe, die ihn charakterisieren. Allein schon der Begriff der „Bildung" verweist auf eine gewisse „Deutschlastigkeit" dieses Typus, ohne dass man ihn als nationales Phänomen bezeichnen könnte. Aber man findet hier einige für das Bildungsbürgertum typischen Züge wieder: eine unklare, oft distanzierte oder gar misstrauische Beziehung zur Politik, den Fortschrittszweifel, Vorbehalte gegen Technik und Wirtschaft.

Wenn wir soeben den Idealtypus des Wissenschaftlers bildungsorientiert und deutschlastig bezeichnet haben, so können wir den Idealtypus der *Intellektuellen* als „frankreichlastig" bezeichnen, denn in Frankreich war mit der III. Republik jener Idealtypus entstanden, der seine Anerkennung durch sein Handeln in einer Öffentlichkeit gewinnt, die dem Idealtypus der „bürgerlichen Öffentlichkeit" (Habermas) sehr nahe kommt. Er „spricht" als Einzelner im Namen der ganzen Gesellschaft. Seine „Raison d'être" ist die Interpretation des Zustandes der Gesellschaft, um mögliche Zukünfte zu entwickeln, d.h. die Überwindung der Gesellschaft in dieser Öffentlichkeit zu denken und zu formulieren. Das gibt ihm sehr oft einen radikalen Impetus. Er ist für die etablierte Macht ein (oft scharfer) Kritiker, der Mängel, Missstände und Skandale aufdeckt benennt, erklärt und mögliche, bessere Zukünfte für die Gesellschaft vorschlägt. Selbst wenn er es oft glaubt, ist er nicht der Stellvertreter der „Verdammten dieser Erde", denn er agiert in einer Öffentlichkeit, von der diese Schichten oder Klassen ausgeschlossen sind. Außerdem haben die „Verdammten dieser Erde" i.d.R. ihre eigenen Repräsentanten. Jean-Paul Sartre war sicherlich der reinste Vertreter dieses Typus, der m.E. historisch überwunden ist, wie wir andernorts dargestellt haben.

Als dritten Idealtypus möchte ich den *mediatisierten Soziologen* nennen, über den in meiner Zunft oft, meist etwas neidisch und m.E. zu Unrecht gelächelt wird. Er ist in den Massenmedien präsent, er ist ein Produkt und ein Produzent der Kulturindustrie, der ein breites Publikum und auf diese Art eine große symbolische Macht sucht. Deshalb ist er präsent in Tageszeitung, Radio- und Fernsehsendungen, in Talk-Shows und Nachrichtensendungen. Die Imperative der Kulturindustrie strukturieren sein Handeln und seine Argumentationen. Man kann sogar ein gewisses Starsystem feststellen, und die Unterscheidung zwischen diesen Soziologen, Journalisten und Talk-Showanimateuren verwischt sich relativ schnell und einfach, denn ihre Produkte sind immer mehr austauschbar. Sie sind Partner oder Konkurrenten in der Produktion und im Verkauf der Kulturwaren, die die „Schauspielgesellschaft" (Debord) unserer Tage vorantreiben. Nun wäre dies nicht weiter interessant, wenn wir es mit zu Medienclowns konvertierten Wissenschaftlern zu tun hätten. Doch über die Massenmedien bestimmen sie wesentlich mit, was gesellschaftlich Sinn macht und was gesellschaftlich als Soziologie anerkannt wird: kulturindustriell verwertbare Betrachtungen über das Familienleben, Sexualpraktiken, Sozialisationsprobleme, Fragen und Probleme der Vorstätte oder der Arbeitswelt. Immer prickelnd und möglichst etwas skandalträchtig, bleibt fast kein medienwirksames Objekt ausgespart: von Betriebsschließungen über Vorstadtrevolten, schmutzige Wäsche und nackten Busen am Strand bis zum Echangismus, um nur einige Beispiele zu geben.

Schließlich möchte ich noch den Idealtypus des *Experten* nennen, dessen Vorfahren wir schon am Beispiel der französischen Soziologie des 19. Jahrhunderts aufgezeigt haben.

Die Tendenz zum Expertenwesen ist sicherlich der empirisch wichtigste Trend innerhalb der Soziologie, denn es gibt nicht nur eine lange Tradition des Expertenwesens in allen Soziologien, auf die Adorno schon 1961 hingewiesen hat,[2] sondern diese Entwicklung entspricht einer reellen und relativ großen Nachfrage sowohl im öffentlichen als auch im privaten, im staatlichen und para-staatlichen Bereich sowie in der Zivilgesellschaft. Man darf auch nicht vergessen, dass wir an den Universitäten einen Grossteil unserer Studenten zu zukünftigen Experten ausbilden. Die Reproduktionsstrategien der Wissenschaftler im o.g. Sinn sind eher rückläufig. Die Expertise ist heutzutage viel anerkannter als früher. Die Bedeutung der Drittmittelforschung und der Professionalisierung unserer Disziplin, die Institutionalisierung der Soziologie, die außeruniversitäre Karrieren sowie die Instrumentalisierung und die „Anwendung" der Soziologie schreiben die Soziologie in die Gesellschaft ein, so wie sie ist. Der transzendentale Aspekt, d.h. die Gesellschaft, so wie sie sein könnte, verkümmert hingegen, und die soziologische Ausbildung passt sich dem weitgehend an. Nun gibt es natürlich keine Naturgesetze, die die Soziologie notwendiger Weise in diese Richtung zwingen. Es ist vielmehr, wie Adorno schon 1951 anmerkte, der Wille der Soziologen sozial anerkannt zu werden und eine Karriere zu machen, der sie in diese Richtung gehen lässt. Nun will ich nicht die von Adorno (1993) entwickelte Argumentation wiederholen, die den Faden der „Technokratie" (Adorno) aufgreift und die Tendenz der Soziologie aufzeigt, ein regelrechtes „social engenering" (Adorno) zu werden. Ich möchte hervorheben, dass diese Entwicklung v.a. in den Weltanschauungen der Akteure verankert ist, in dem Glauben, dass die technischen Kompetenzen der Experten die gesellschaftliche Entwicklung kontrollieren, ausgleichen und planen können. Sie haben das Fachwissen, den gesunden Menschenverstand und den nötigen Pragmatismus, um die Gesellschaftsprobleme, wenn nicht zu lösen, so doch handhabbar zu machen. Man findet hier eine Wahl-

---

2 Cf. Adorno 1961 und Adorno 1993.

verwandtschaft zwischen Saint-Simon, den sowjetischen 5-Jahres-Plan-Fetischisten und den heutigen Soziologen.

Der Soziologe als Experte ist v.a gesellschaftlich anerkannt wegen seiner beruflichen Qualitäten, i.d.S. dass er sein Handwerk beherrscht: ein „professionnel". Sein Handwerk definiert ihn in der Gesellschaft, wie sie ist, und der Experte, um sein Handwerk auszuüben, passt sich an diese Gesellschaft an; er spielt seine Rolle, um ein wirklicher Experte zu sein. Das erklärt sein Agieren in Stäben, in der Planung und in Forschung und Entwicklung, sowohl in staatlichen Institutionen als auch in der Zivilgesellschaft und bis in die Unternehmen. Im Mittelpunkt seiner Aktivitäten stehen die Kontrolle und die Macht, wie Adorno schon in der „Minima Moralia" betont. Auf diese Weise gewinnt der Experte seinen Platz in der „verwalteten Welt" (Adorno). In den Weltanschauungen der Experten finden wir sehr oft Anleihen an die Naturwissenschaften, die im Gegensatz zur akademischen Soziologie als seriös, solide, konkret und pragmatisch gelten. Wir finden in diesen Weltanschauungen auch, oft als a priori und meist unhinterfragt, die instrumentelle Vernunft, weil diese Vernunft eben das Sein und das gesellschaftliche Sein als eine Ordnung von Dingen ansieht, die sich den Akteuren mehr oder minder direkt aufzwingt. Sie wird behandelt als eine Art menschliche Natur oder eine Fatalität, aber es ist die „zweite Natur" i.S. der Frankfurter Schule, die wir schon angesprochen haben. Wenn in der Logik des Expertenwesens, die Gesellschaft quasi-naturgesetzmäßig geregelt ist, kann man sie nicht überwinden. Man kann bestimmte Variationen einführen, deren empirische Bedeutung oft sehr groß ist. Denn, um mich in einem Bild auszudrücken, wenn auch den Monsunregen nicht abschaffen kann, man kann Dämme bauen, die das Schlimmste verhindern. Schließlich möchte ich noch betonen, dass die Experten und ihre Expertenwesen sehr rüden Marktmechanismen ausgesetzt werden. Nicht nur dass ein regelrechter Markt für ihre Produkte besteht, sie müssen sich immer an den Anderen messen, sie als Konkurrenten, wenn nicht gar als Feinde, begreifen und behandeln, um sich selbst als einen ernstzunehmenden Experten zu konstituieren. Diese Marktlogik ist weit in meine Disziplin eingedrungen.

Pole der Soziologie

Um die soeben dargestellten Idealtypen der Soziologen in der Gesellschaft zu vervollständigen, möchte ich schließlich noch die vier Pole der soziologischen Aktivitäten angeben. Das bedarf natürlich einer gewissen Schematisierung, die Sie mir sicherlich erlauben werden. Ich unterscheide den akademisch-schulischen Pol, den Pol der Expertise, den Pol der Mediatisierung und schließlich den Pol der Kritik, den ich im nächsten Vortrag detailliert darstellen werde.

Der erste Pol, der akademische Pol, regruppiert die Soziologien, welche die Soziologie als eine Masse von Wissen über die Gesellschaft ansehen, die man scheibchenweise an Studenten oder andere Interessierte vermittelt. Man stützt sich hierbei auf einen mehr oder minder festen Korpus von Texten, Methoden und Techniken, die sehr oft in den Lehr- und Handbüchern vulgarisiert werden und die (zumindest in Frankreich) wie Pilze nach einem warmen Regen aus dem Boden sprießen. Kurzum: diese Soziologie befindet sich der Nähe der „doxa" (Bourdieu) und sie ist solide institutionalisiert. Diese Soziologie betrachtet die Gesellschaft von außen. Das wirkliche Leben und die lebendigen Subjekte mit ihren Freuden und Leiden, mit ihren Hoffnungen und Enttäuschungen, mit ihrer Liebe und ihrem Hass interessieren nicht wirklich. Sie sind objektiviert, sie werden systematisiert, klassifiziert und als Illustrationen für argumentative Traditionslinien benutzt. Diese Soziologien können nicht und wollen nicht auf mögliche Zukünfte der Gesellschaft setzen. Dies ist für sie ideologieverdächtig, und man kann da nur noch sagen „Thema verfehlt"!

Der Pol der Expertise und der Pol der Mediatisierung sind zwei Seiten der heutigen „Schauspielgesellschaft" (Debord). Der Experte agiert hinter der Bühne, der mediatisierte Soziologe auf der Bühne, auf das Stück unseres Lebens aufgeführt wird. Beide sind nötig, damit die „Inszenierung des Alltagslebens" klappt, um den Titel des berühmten Buchs von Goffman zu deformieren. Nun gibt es innerhalb dieser beiden Pole zwei Strömungen, die sich gut ergänzen, deren Argumentation aber in einem entscheidenden Punkt auseinandergehen: die Frage des Subjekts. Für die Einen ist es lange verschwunden, falls es das Subjekt je gegeben haben sollte; die Anderen interpretieren die Akte der Individuen als bewusste Freiheitsakte. Das soziologische Verstehen gleitet in beiden Fällen zur Beschreibung der „Motive" im Sinne Webers ab.

Schließlich der Pol der Kritik. Man darf die Kritik nicht mit der Denunziation von Missständen verwechseln. So wichtig die öffentliche Denunziation von Missständen ist, damit sie verschwinden, die Kritik ist gekennzeichnet durch eine programmatische Struktur: in der Gesellschaft, so wie sie heute ist, existiert das Potential ihrer Überwindung, denn die Individuen leben in einer Welt von Mängeln und Leiden, aber auch von Freuden und Erfolgen. Es geht also nicht um die weinerliche und negativistische Selbstbemitleidung, sondern um den Anspruch die Gesellschaft und die individuellen Existenzen in der Gesellschaft zu verstehen und diesem Verständnis eine normative Ausrichtung zu geben: die Sorge um das freie und vernünftige Leben. Dieser Pol ist wie die heutige Gesellschaft: fragmentiert und zerrissen. Man findet ihn sohl im akademischen Betrieb als auch am Rande des Expertenwesens, in den Institutionen und in dem weiten Bereich der „freelance"-Soziologen.

Doch auf die Perspektiven der Kritik als Gesellschaftstheorie werde ich im nächsten Vortrag eingehen.

Soziologie: eine kritische Gesellschaftstheorie?

Man kann ein ziemlich ernüchterndes Bild vom Zustand der heutigen Soziologie festhalten.

Die Soziologie hat sich ursprünglich konstituiert, um das Verstehen der Gesellschaft und der Individuen sowie deren Wechselbeziehungen voranzutreiben. Es ging ihr um Sinnsuche und Sinnverstehen. Dieses Programm ist heute in Frage gestellt, denn die heutigen Soziologien und Soziologen sind oft weit von diesem Programm abgerückt. Doch sind auch ihre Positionen und die verschiedenen Typen, die sie charakterisieren und die wir kurz umrissen haben, in der Geschichte der europäischen Soziologie und der Gesellschaften in Europa verankert.

Der Mangel an qualifizierten Öffentlichkeiten einerseits und die Macht der Kulturindustrie sowie der instrumentellen Vernunft andererseits, haben die Typen des Wissenschaftlers, des Experten und des mediatisierten Soziologen entstehen lassen, die der Kritik das Leben schwer machen. Der Akademismus, die Expertise und die Mediatisierung sind drei Arten sich in die Gesellschaft, so wie sie ist, einzuschreiben, eine Gesellschaft, die wir als *seriellen Individualismus* charakterisiert haben. Die Existenzen der seriellen Individuen haben nur wenig mit der von der Kulturindustrie vehement verbreiteten Vorstellung eines Lebens voller „fun", Freiheit und Erfüllung zu tun. Sie sind dramatisch, denn Individuen (also auch die Soziologen in dieser Gesellschaft) erleben und erfahren Mängel (materielle, intellektuelle, spirituelle u.v.a. Sinnmängel), unter denen sie leiden, die sie aber nur sehr schwer verstehen können. Dies führt zu den vielfältigsten Fluchtverhalten, denn die Überwindung der Mängel und Leiden würde deren Verstehen voraussetzen. Dies ist der Ansatzpunkt der kritischen Theorien.

Die heutige Soziologie ist aber relativ zusammenhangslos, „lean", politisch korrekt, traurig, gelegentlich etwas trivial, im Grunde oft hilflos und vom „vorauseilenden Gehorsam" (Adorno) geprägt. Ihr Zustand hat nicht viel mit der dramatischen Konstellation des seriellen Individualismus gemein. Dies zeigt an, wie wenig bewusst diese Sozialwissenschaft in die konkrete Gesellschaft, in der sie existiert, eingeschrieben ist. Man kann diesen Zustand nicht als eine Krisen- oder Dekadenzsituation eines früheren „goldenen Zeitalters" der Soziologie verstehen. Wir haben gesehen, dass die Soziologie immer durch konkurrierende und oft inkompatible Ansätze und verschiedene Paradigmen gekennzeichnet war. Ihre Geschichte ist auch die Geschichte von verschiedenen und konkurrierenden Soziologie- und Soziologentypen. Schließlich sahen wir am Beispiel der frühen französischen Soziologie, wie weit die Traditionslinie des Expertenwesens und des Positivismus in die Geschichte der Soziologie zurückgeht. Deshalb geht es nicht darum, irgendwelche „Renegaten" zu denunzieren oder gar zu exkommunizieren oder gar darum, die verlorenen Geister der Soziologie zur Vernunft zu bringen. Sondern es geht darum, zu verstehen, wie und warum sich *diese* Soziologie entwickelt hat. Zu diesem Zweck muss man die Einschreibung des Soziologen in die Gesellschaft, in der er lebt, analysieren, denn er analysiert diese

Gesellschaft. Auf diese Art kann man (schematisierend) den Akademismus, die Medienorientierung, das Expertenwesen und die Kritik als vier Typen verstehen, die anzeigen, wie die jeweiligen Soziologen ihre Gesellschaft verstehen und wie sie sich als Subjekte in die Gesellschaft einschreiben.

Am Beispiel des französischen Positivismus haben wir gesehen, dass es in Europa immer nationale Soziologien gegeben hat, und es gibt sie auch heute noch, weil sie sich immer als Analyse konkreter und, im Falle Europas, nationalstaatlich organisierter Gesellschaften konstituieren. Deshalb kann man auch von zwei „Säulen" der europäischen Soziologie sprechen: die deutsche und die französische Soziologie. Andernorts haben wir entwickelt, wie sich diese nationalen Traditionen in Interaktion mit der US-amerikanischen Soziologie entwickelt haben, wie sie in die anderen europäischen Länder „ausgestrahlt" haben und warum es in den letzten Jahrzehnten in allen europäischen Ländern und in allen europäischen Sprachen soziologische Arbeiten gibt.

Doch wir erleben heutzutage die Überwindung dieser traditionellen Konstellation. Die Entstehung der Europäischen Union als post-nationale und parastaatliche Struktur sowie der serielle Individualismus sind hierbei die beiden wichtigsten Faktoren. Die Scharniersituation, in der wir leben, verlangt eine Soziologie, die die Bruch- und Entstehungssituation versteht und erklärt.

Kritische Theorie und empirische Forschung[3]

Einführung

In der Sozialwissenschaft werden kritische Theorie und empirische Forschung oft als inkompatibel betrachtet. Viele Verteidiger kritischer Theorie glauben, dass empirische Forschung keinen Beitrag zum Verständnis sozialer Phänomene leisten kann und betrachten sie als rein instrumentelles Aufspüren von Tatsachen. Die Verteidiger empirischer Forschung wiederum beurteilen kritische Theorie als oftmals anachronistische Spekulation in der Tradition der Aufklärung. Indem wir unsere Analyse auf die Frankfurter Schule und insbesondere auf die Arbeiten von Theodor W. Adorno und Max Horkheimer stützen, werden wir versuchen, eine intellektuelle Tradition deutlich zu machen, die theoretische und empirische Arbeit verbindet, und werden diesen Ansatz mittels zeitnäherer Untersuchungen aktualisieren.

Um die Auswirkung der Standpunkte der Frankfurter Schule[4] auf die europäische Soziologie zu verstehen, muss man die zentrale Position analysieren, die die Schule in der deutschen Soziologie zwischen 1950 und 1970 einnahm. Wegen seiner intellektuellen und institutionellen Stellung dominierte Theodor W. Adorno diesen Strang der kritischen Soziologie, sowohl innerhalb der Schule selbst als auch innerhalb des soziologischen Feldes in Deutsch-

---

3 Überarbeitete Fassung des Vortrags „Critical Theory and Empirical Research", What is theory for? On the relationship between social theory and empirical research, Social Theory Committee of the European Sociological Association, Paris 18. September 2004.
4 In den folgenden Abschnitten wird der Begriff Frankfurter Schule verwendet, um die Gruppe von Wissenschaftlern innerhalb des Instituts für Sozialforschung und in seiner Umgebung zu bezeichnen, von der Gründung des Instituts bis zum Tode von Theodor W. Adorno und Max Horkheimer.

land. Dennoch hatte innerhalb der Frankfurter Schule, seit ihrer Gründung, eine sehr lange Tradition empirischer Forschung existiert. Aus diesem Grunde war die Arbeit Adornos stets von Analysen über das Verhältnis von kritischer Theorie und empirischer Forschung, die auch einen Teil der kritischen Theorie der Frankfurter Schule ausmacht, begleitet.

Dieser Vortrag untersucht die zentrale Rolle der empirischen Forschung innerhalb der kritischen Theorie der Frankfurter Schule im Allgemeinen, und im Besonderen anhand ihrer soziologischen Forschung. Adornos Fußstapfen folgend, werde ich in Form von 10 Thesen einige Schlüsselargumente skizzieren, die mir heute immer noch sehr gut anwendbar scheinen und die diesen Tag des Lernens und der Debatte bereichern könnten.

I

Die Frankfurter Schule fällte ein klares und hartes Urteil über den Zustand der Soziologie ihrer Zeit: Mit dem Niedergang der ersten großen soziologischen Systeme (Weber, Durkheim, etc.), der sich parallel zum Verfall der bürgerlich-liberalen Gesellschaft vollzogen habe, habe sich das Bestreben, Theorien über soziale Strukturen und sozialen Wandel zu entwickeln, vermindert.

Obwohl diese Beobachtung wahrscheinlich leicht übertreibt (Talcott Parsons zum Beispiel wird nie berücksichtigt), ist unbestritten, dass seit dieser Zeit die empirische Soziologie das soziologische Feld größtenteils beherrscht hat. Zur selben Zeit verminderte sich die zentrale Rolle soziologischer Theorien.

Für die Frankfurter Schule ist empirische Forschung sowohl eine Tradition als auch eine Philosophie: Erfahrung wird als primäre Quelle von Wissensproduktion angesehen, welche dann in ein Verständnis von Gesellschaft übergehen kann.

Die Gründe für die Ausweitung der Hegemonie empirischer Forschung sind zum einen in der Immanenz von Wissenschaft zu finden (1). Die Frankfurter Schule betont, dass die Philosophie seit dem Ende der (deutschen) idealistischen Philosophie nicht länger legitimerweise beanspruchen kann, die Gesamtheit der „Fakten", oder, in anderen Worten, alle empirischen Daten zu erklären. Die Kritik am Idealismus bereitete den Weg für die Trennung zwischen dem „Geist" und den Tatsachen, mit denen sich die empirische Soziologie primär beschäftigt.

(2) Insbesondere Adorno insistierte oft auf einer zweiten Trennung, die im Laufe der Geschichte kapitalistischer Gesellschaften eingeführt wurde. Sie setzt sich von denjenigen theoretischen Arbeiten ab, die hoffen, Gesellschaft von der sozialen Praxis her verstehen zu können. Auf dieselbe Weise trennten sich auch empirische und theoretische Forschung voneinander. Theoretische Arbeiten, die die soziale Welt untersuchten, nahmen immer mehr eine kontemplative Form an, d.h. sie wurden zu *Geisteswissenschaften*. Demgegenüber tendiert die empirische Forschung dazu, Daten und „Fakten" nebeneinander zu stellen und zu sammeln. Während kontemplative Theorie die empirische Forschung gewöhnlich mit einer gewissen Arroganz behandelt, weil sie die fühlbare soziale Welt nicht länger erfassen kann, kanzelt die empirische Forschung diese theoretischen Arbeiten als unrealistisch ab, als losgelöst von den Tatsachen und im Grunde genommen unwirklich.

Erfahrung erlaubt uns nicht, die Bedeutung von Worten, Definitionen und Ideen zu begreifen, die gesellschaftliche Phänomene bezeichnen und für alle verstehenden Soziologien wesentlich sind. Viel intellektuelle Arbeit muss investiert werden, um diesen Ideen, Definitionen und Worten einen Sinn zu geben, denn für sich alleine können diese Bedeutungen nicht existieren. Sie sind auch keine einfachen Antworten auf Fragen, sondern werden im Laufe der Geschichte und durch ihren individuellen Gebrauch geformt. Horkheimer bemerkt nüchtern, „der Mann auf der Straße ... lernt die Worte fast ebenso schematisch und unhistorisch zu gebrauchen wie die Experten" (Horkheimer 1946, 168). Dieser Gebrauch von Wörtern beherrscht Weltanschauungen und Alltagsverstand ebenso wie die empirische Forschung. Zudem werden diese Begriffe infolge des „Imports" mechanischer Konzepte aus den *Naturwissenschaften* zusehends funktionalisiert, aber auch, weil versucht wird, diese Kategorien für das Alltagsleben passend und anwendbar zu machen. Wir benutzen diese Ausdrücke, als ob sie funktionsgemäß verbundene Atome wären. Offenkundig wandeln Soziologen gerne auf „festem Grund" und bevorzugen ein gewisses Maß an Sicherheit.[5]

Ferner darf man nicht vergessen, dass Adorno nie die Tatsache aus den Augen verliert, dass „Sozialforschung" – so hochgradig einflussreich auf die empirische Soziologie in Europa – über bestimmte Besonderheiten verfügt, deren man sich bewusst sein muss, wenn man ihre Methoden und Techniken anwendet. Trotz Bezügen zum amerikanischen Pragmatismus ist die empirische Soziologie nicht das Ergebnis einer akademischen Welt (anders als die deutsche Vorkriegssoziologie), sondern von Umfragen und von Marktstudien. Die Ergebnisse dieser Umfragen und Studien erzeugten Instrumente und Techniken, die einer kommerziellen und administrativen Logik gehorchten. Es handelt sich demnach um eine „anwendungsbezogene" Soziologie (wie wir heute sagen würden), im Einklang mit der „verwalteten Welt" (Adorno). Deswegen charakterisiert sie Adorno als „Herrschaftswissen, nicht *Bildungswissen*" (Adorno 1952, 491), das für die traditionelle bürgerliche Gesellschaft bis zu ihrem Kollaps im deutschen Faschismus das Ideal intellektuellen Lebens war. Gleichwohl ist die empirische Forschung nicht nur wegen ihrer mächtigen und stillen Partner dominant, sie toleriert auch keine anderen Methoden an ihrer Seite.

II

Hinsichtlich der Konzeptualisierung kritischer Theorie existierte bereits in den 1930er Jahren, bevor Adorno dem Institut für Sozialforschung angehörte, ein grundsätzlicher Unterschied zwischen den Ideen von Horkheimer und denen Adornos zum Verhältnis

---

[5] Gewiss sind Soziologen nicht die einzigen, die so reagieren.

zwischen Philosophie und den anderen Sozialwissenschaften, insbesondere der Soziologie. In seinen ersten Entwürfen verteidigte Horkheimer ein ziemlich konventionelles interdisziplinäres Konzept kritischer Theorie, unter der Führung einer spezifischen „Sozialphilosophie".[6] Adorno andererseits, der über wirkliche (wenngleich bescheidene) Erfahrung mit soziologischen Studien verfügte[7], vertrat eine subtilere Position. Sein Konzept machte (spätestens seit den 1940er Jahren) die Besonderheit der soziologischen Analysen der Frankfurter Schule aus.[8]

Zur Charakterisierung der Soziologen verwendet Adorno einen Ausdruck von Heidegger. Sie nennen sie *„Fassadenkletterer"*, d.h. Soziologen erklimmen die zusammengebrochenen Gebäude der großen philosophischen Systeme, um wertvolle Elemente zu retten. Auf diese bruchstückhafte Weise tragen sie zum Verständnis spezifischer Phänomene in einer zerrütteten und fragmentierten sozialen Welt bei. Adorno nannte die Objekte der Analyse kritischer Theorie und insbesondere kritischer Soziologie „rätselhafte Gebilde". Wenn man sie analysiere, könne man sowohl die Verbindung zwischen diesen fragmentierten Erscheinungen als auch, am Ende, die Wahrheit entdecken. In der „dialektischen Kommunikation" (Adorno), die Adorno zwischen den verschiedenen etablierten akademischen Disziplinen anstoßen will, spielt die Soziologie eine besonders wichtige Rolle, weil sie Zugang zu den „Fakten" hat, anders als die Philosophie zum Beispiel.[9]

Obwohl die Gesellschaft zerrüttet, fragmentiert und hochgradig irrational ist, wie Adorno oft herausstellt, so zum Beispiel in seiner

---

6 Siehe zum Beispiel Horkheimer (1931, 1932, 1937).
7 Siehe zu diesem Thema zum Beispiel Vincent (2004), der unter anderem Adornos erste soziologischen Musikstudien vorstellt.
8 Die ersten Projekte wurden von Erich Fromm geleitet. Man kann seine psychoanalytischen Argumente leicht benennen. Die Psychoanalyse spielte in der kritischen Theorie immer eine wichtige Rolle. Sie faszinierte die Frankfurter Schule insbesondere wegen ihrer Hypothese, dass alles Psychische einen Sinngehalt habe. Als Konsequenz daraus könne man sowohl das Bewusste als auch das Unbewusste verstehen. Adorno interessierte sich (anders als Fromm) mehr für den kognitiven Aspekt der Psychoanalyse als für ihren therapeutischen Aspekt, um so zu einer Desillusionierung des Unbewussten zu gelangen.
9 Vgl. den Workshop „Soziologie und Soziologen in Europa".

Kritik der Philosophie Karl Mannheims (Adorno 1937), interessiert ihn weniger die Summe der Individuen und ihrer Handlungen, sondern der gesellschaftliche Charakter der vergegenständlichten Beziehungen der sozialen Welt, ihre Genese und ihre Bedeutung, die Individuen hervorbringen und von Individuen hervorgebracht werden. Sozialwissenschaftliche Forschung zielt laut Adorno darauf ab, die tief liegenden Dimensionen der Gestaltung gesellschaftlicher Strukturen zu verstehen. Um sich einem Verständnis anzunähern, müsse man den Anspruch haben, einen spezifischen Begriff einer freien Gesellschaft zu erlangen. Mit dem Ziel einer freien Gesellschaft könne man die Gegenstände mit Ideen (Freiheit, Fortschritt, revolutionäre Klasse, etc.) konfrontieren und zur Bildung starker Subjekte beitragen.

III

Jedoch sind die *Geisteswissenschaften*, zumindest in Deutschland, langlebig. In den 1950ern forderte Adorno die empirische Forschung auf, den von diesen verbreiteten Obskurantismus zu kritisieren. Empirische Methoden könnten diese bedauerliche Tendenz korrigieren und sogar ein kritisches Moment liefern: „... Wissenschaft [muss] die Härte dessen, was ist, zum Bewusstsein erheben" (Adorno 1952, 481). Nur empirische Forschung sei in der Lage, soziales Leben, d.h. die „Fakten"[10], zu beschreiben, ohne dabei vollständig rational zu sein, eine Eigenschaft, die in der sozialen Wirklichkeit fehle. Der zu analysierende Gegenstand bestimme die Methode. Adorno liefert ein besonders anschauliches Beispiel: „Man wird die Erzeugnisse der Kulturindustrie eher mit Begriffen der Marktforschung durchdringen als mit ästhetischen Kriterien" (Adorno 1952, 483f).

Dennoch kann die Soziologie, der Frankfurter Schule zufolge, nicht auf diese spezifische Beschreibung der sozialen Wirklichkeit

---

10 Aufgrund ihrer Auswanderung in die Vereinigten Staaten, wo sie viel über amerikanische „Sozialforschung" lernten, benutzten Adorno und Horkheimer in ihren deutschen Abhandlungen das englische Wort „fact".

beschränkt bleiben, selbst wenn sie sehr systematisch erfolgt, weil die Beschreibung eines sozialen Phänomens nicht mit einer Analyse desselben verwechselt werden sollte. Erstens „[komme] bei keiner Untersuchung mehr an Ergebnissen ... heraus, als der Forscher an Gedanken hineingesteckt habe" (Adorno 1952, 485). Zweitens muss man, um Ideen und Argumente zu entwickeln, nach den wechselseitigen Beziehungen zwischen den Theorien und den „Fakten" Ausschau halten, um zu einem Verständnis der sozialen Wirklichkeit zu gelangen.

Offenkundig beinhaltete für die Frankfurter Schule empirische Forschung nicht nur mathematische Gleichungen. Die empirischen Forschungsmethoden zu Adornos Zeit waren größtenteils der „harten" wissenschaftlichen Methodologie entnommen. Diese Methoden beschreiben die soziale Wirklichkeit, weil die heutige Gesellschaft weitgehend das Resultat blinder Handlungen darstellt, die von den Handelnden als quasi-natürlich oder als „zweite Natur" erfahren werden. Die Methoden der „harten" Wissenschaften, im Sinne des deutschen Wortes „*Naturwissenschaften*", entsprechen dieser „zweiten Natur" und dem Blick der Handelnden auf die Gesellschaft als solche.[11] Demnach ermöglicht empirische Forschung, die besonderen „Fakten" der Gesellschaft zu erfassen. Aus diesem Grunde ist sie für eine kritische Soziologie von Nutzen, denn „die Totalität, die alles Einzelne prägt, lässt sich an jedem Einzelnen diagnostizieren" (Adorno 1952, 487).

Anstatt Theorien durch empirische Forschung zu überprüfen, generiert eigentlich Theorie die „Fakten", wie sie in der Sprache empirischer Forschung enthüllt werden. Adorno ging mit seinem Ansatz soziologischer Forschung innerhalb der Frankfurter Schule sicherlich am weitesten, und seine Ideen können mit dem Begriff der „Physiognomie" zusammengefasst werden: die Kunst, die „inneren" und wesentlichen Eigenschaften sozialer Phänomene zu lesen und zu verstehen, indem man ihre Erscheinungen untersucht.

---

11 Vgl. den Workshop „Soziologie und Soziologen in Europa".

Konsequenterweise bedeutet die Kritik empirischer Forschung für die Frankfurter Schule im Allgemeinen und für Adorno im Besonderen nicht, zu den alten Pfaden der deutschen Soziologie als einer *Geisteswissenschaft* zurückzukehren. Im Gegenteil, einer kritischen Soziologie geht es darum, empirische Forschung und kontemplative Theorien zu verstehen und zu kritisieren, ebenso wie die Gesellschaft, die sie hervorbringt, um sie zu überwinden

IV

Die Forscher der Frankfurter Schule bemerkten, dass nach dem Krieg in Deutschland, genauso wie in den USA in den 1940ern, eine deutliche politische Nachfrage nach empirischen, quantitativen, qualitativen und prognostischen Untersuchungen vorhanden war. Die „Verwaltungsforschung" (Lazarsfeld) in der „verwalteten Welt" (Adorno) etablierte sich rasch in der neuen deutschen Republik. Diese Nachfrage förderte die Entwicklung der empirischen Forschung, weil beispielsweise auf der Ebene der bürgerlichen Gesellschaft das Wählervotum nicht ausreichte, um die Ideen, die Weltsichten, die Einschätzungen sowie die Bedürfnisse und Anforderungen der Handelnden zu verstehen. Jedoch bleibt die „Verwaltungsforschung" hochgradig ambivalent. Einerseits hilft sie, in Abhängigkeit von den Interessen ihrer stillen Partner, einen Teil der Wirklichkeit der Handelnden, die nicht auf traditionelle Weise (zum Beispiel durch Wahlen) ausgedrückt werden kann, zu verstehen. Andererseits setzt diese Forschung echtes demokratisches Potenzial frei, falls man verhindern kann, dass sie für ein bestimmtes partikulares Ziel genutzt wird (aber können wir das?). Um dieses Ziel zu erreichen, muss diese Forschung ihren Platz im öffentlichen Raum einnehmen. Die Kulturindustrie jedoch gewährt den Handelnden und ihren mit der *Aufklärung* verbundenen Ideen nur sehr enge Spielräume.[12]

---

12 Vgl. auch den Workshop „Freedom and liberation as a challenge of European Sociology".

V

Adorno, wie die anderen Mitglieder der Frankfurter Schule, unterzieht die Idee des Individuums in der empirischen Forschung einer scharfen Kritik.[13] Obwohl oft über Menschen geredet werde, würden sie nicht als gesellschaftliche Wesen, sondern als Quantitäten betrachtet. Das Individuum sei in empirischen Studien kein Subjekt, sondern Objekt von Gesellschaft, und werde als solches wie ein Ding behandelt. Empirische Methoden bestärkten diese Tatsache und nähmen sich im Umgang mit anderen Theorien, die dieses gesellschaftliche Phänomen zu erklären suchten, große Freiheiten heraus, ja ignorierten diese oftmals sogar. Folglich droht „die Methode sowohl ihre Sache zu fetischisieren wie selbst zum Fetisch zu entarten. ... Vergessen werden mit dem Hochmut des Ununterrichteten die Einwände der großen Philosophie gegen die Praxis des Definierens" (Adorno 1957, 201). Offensichtlich spielt Adorno hier unter anderem auf das Schicksal der Marxschen Theorie in der empirischen Soziologie an. Marx entwickelte dieses Argument, das nur wenig Einfluss auf die empirische Forschung hatte.

Wenn die Soziologie empirische Methoden exakter Wissenschaften verwendet, so tut sie dies zum Preis der Reduktion ihrer Forschung auf das Messen des Trägheitszustandes einer gegebenen Gesellschaft. Aus diesem Grunde werden Individuen auf simple Objekte reduziert. Diese Idee ist in der Gesellschaft weit verbreitet und insofern berechtigt, als sie direkt den Erfahrungen der Menschen entspricht, die die Gesellschaft und ihre Strukturen als quasi-natürliche Verhältnisse betrachten, als „zweite Natur", um einen der Schlüsselbegriffe der Frankfurter Schule zu verwenden. Indem sie die Gesellschaft als „zweite Natur" erfahren, handeln und reagieren Individuen in ihr wie „Amphibien" (Horkheimer/Adorno 1947, 50). Empirische Forschung lässt Webers verstehende Soziologie hinter sich, weil „... diese *adaequatio rei atque cogitationis* bedarf erst noch der Selbstreflexion, um wahr zu werden. ... Bloß die Einsicht in die Genese der vorfindlichen Reaktionsformen und

---

[13] Vgl. den Workshop „Soziologie und Soziologen in Europa".

ihr Verhältnis zum Sinn des Erfahrenen würde es erlauben, das registrierte Phänomen zu entschlüsseln" (Adorno 1957, 203).

Daher kann man leicht begreifen, dass die ewigen Argumente zu qualitativer und quantitativer Forschung wenig Aussagekraft haben: sie verhalten sich nicht antagonistisch, sondern komplementär zueinander. Dasselbe gilt für den Streit "Induktion versus Deduktion": Adorno betrachtet ihn als simplen wissenschaftlichen "*Ersatz*" von Dialektik.

Überdies entsprechen viele gesellschaftliche Tendenzen nicht dem statistischen Durchschnitt, sondern sind Ergebnisse sozialer Kämpfe und Konflikte, in denen man Kämpfe um Macht und Herrschaft ebenso findet wie solche um die Kontrolle des öffentlichen Raumes und der öffentlichen Meinung. Weder Ideen, Weltsichten etc. noch das Verhalten von Individuen gehorchen quasi-mechanischen Gesetzen. Im Gegenteil, die prognostischen Anstrengungen, die oftmals empirische Forschung anregen, strukturieren und leiten, basieren auf einer Interpretation von Gesellschaft, nach der sie wie ein vorausbestimmter oder programmierter mechanischer Apparat (mit variierendem Komplexitätsgrad) funktioniert. Selbst wenn Forscher keine politischen Prophezeiungen anstellen, können die Anforderungen und Erwartungen der stillen Partner einen Soziologen leicht in einen „Agenten der Unfreiheit" (Adorno 1952, 479) und Ideologen verwandeln. Die Frankfurter Schule positioniert sich selbst anders: „Wir sind keine Verbündeten des sogenannten Trends; wir können und sollen nicht so sprechen, als wären wir die Stimme des Schicksals" (Adorno 1952, 480).

VI

Adorno verdichtete seine Ansichten über das Verhältnis von Theorie und empirischer Forschung in der Soziologie in einem großen Entwurf über die deutsche Soziologie der 1950er (Adorno 1957). Er betont die Tatsache, dass empirische Forschung vor allem aus statistischer Arbeit und Meinungsumfragen bestehe, was (glücklicherweise) nicht länger der Fall ist. Jedoch weist die Soziologie, heute wie in der Vergangenheit, aufgrund der Vielfalt ihrer Werkzeuge und Methoden eine breite Fächerung auf, ja sie ist sogar uneinheitlich oder sonderbar. Nur sehr vage und abstrakt wird sie dadurch zusammengehalten, dass sie sich mit allem Sozialen befasst. Demgegenüber verfügt empirische Forschung weder über gemeinsame Methoden noch über gemeinsame Objekte.

Im soziologischen Feld existieren zwei Pole: (1) Studien über das gesellschaftliche Ganze, die auf die Entwicklung von Bewegungsgesetzen abzielen. In diesem Fall ersetzt der Begriff „Gesellschaft" das, was wir traditionellerweise ewiges Wesen oder Geist genannt hätten. Diese Theorien wollen enthüllen, was „... insgeheim das Getriebe zusammenhält. Die Sehnsucht des Gedankens, dem einmal die Sinnlosigkeit dessen, was bloß ist, unerträglich war, hat sich säkularisiert in dem Drang zur Entzauberung" (Adorno 1957, 196). (2) Empirische Studien, die auf bestimmte Gegenstände beschränkt sind, für die die Vorstellung von „Gesellschaft" reine Spekulation geworden ist, auf die wir auch verzichten können. Dieser Pol, den Adorno „*Tatsachenforschung*" nennt, d.h. eine Art soziologischer Faktenfindung, stellt seine positivistische Orientierung offen zur Schau, wie der Name schon andeutet.

Für Adorno als dialektischen Denker umfasst die Analyse von Gesellschaft immer einen transzendenten Aspekt. Er merkt an, dass man ohne die Untersuchung einer möglichen Zukunft weder verstehen könne, wie und warum die Gesellschaft zu dem wurde, was sie ist; noch warum oder wie sie heute funktioniert. Und dies deswegen, weil die Gesellschaft in sich das Potenzial ihrer eigenen Überwindung, ihre mögliche Zukunft birgt. Folglich kann Gesellschaftsanalyse nicht auf die schlichte „empirische Verifizierung" gewisser Vorstellungen, die man sich über die Gesellschaft macht, verengt werden, weil diese Vorstellungen von der Gesellschaft nicht auf ein soziales Wesen reduziert werden können, die etwa aus der Einverleibung ihrer Vergangenheit und ihrer möglichen Zukunft resultiert. Man verfährt hochgradig ideologisch, wenn man die Analyse der Gesellschaft und ihrer sozialen Phänomene auf das gegenwärtig Existierende beschränkt, weil diese Vorgehensweise einer starken („kritisierbaren") **a priori** – Annahme entspringt: Die Gesellschaft ist notwendigerweise so beschaffen, wie sie ist. Und da diese Methode die Gesellschaft auf ihr Wesen reduziert, schließt sie das mögliche Vorhandensein eines Potenzials für Fortschritt innerhalb der Gesellschaft selbst aus. Folglich kann die Gesellschaft nicht über sich hinauswachsen; Fortschritt muss von außen kommen. Aber woher?

Kritische Theorie im Allgemeinen und kritische Soziologie im Besonderen suchen nicht nur die Auseinandersetzung zwischen diesen Ideen (vgl. These I) und den gesellschaftlichen „Fakten" (gesellschaftliche Klassen, Freiheit, Fortschritt, etc.), sondern möchten auch verstehen, was diese „Fakten" aus sich selbst machen (Arbeiter, Antisemiten, Deutsche in der Nachkriegszeit, Kleinbürger, Amerikaner der 1940er, etc.). So versuchen sie, die Trägheit der wahrgenommenen sozialen Phänomene zu überwinden, sowie die mögliche Zukunft und die sozialen Formen, die in dieser gesellschaftlichen Wirklichkeit bestehen, herauszuarbeiten. Die gesellschaftliche Wirklichkeit und ihre Möglichkeiten sind sehr einfach dahingehend miteinander verknüpft, das die eine nicht ohne die anderen existieren kann. Es ist immer die kritische Theorie, die diese transzendente Beziehung formuliert. Der kritischen Theorie geht es nicht darum, Vorschriften und Regeln sozialer (Re)Produktion zu entwickeln, um sie in der Form von Prognosen, vielleicht sogar mit empirischen Daten unterfüttert, in die Zukunft fortzusetzen. Das ist eine Besonderheit positivistischer Strömungen.

VII

Im Gegensatz zu Empirismus und Positivismus unterstützt die Frankfurter Schule die Vorstellung von Gesellschaft als einer Totalität, als eines unteilbaren Ganzen. Diese Totalität bildet die Grundlage von Soziologie. „Die Allgemeinheit der sozialwissenschaftlichen Gesetze ist überhaupt nicht die eines begrifflichen Umfangs, dem die Einzelstücke bruchlos sich einfügten, sondern bezieht sich stets und wesentlich auf das Verhältnis von Allgemeinem und Besonderem in seiner historischen Konkretion" (Adorno

1957, 206). Wie wir gesehen haben, ist die Gesellschaft nicht nur atomisiert und fragmentiert; sie ist auch sehr individualisiert sowie hochgradig und grundlegend antagonistisch. Die Homogenität des Verhaltens der Individuen bildet sich auf der Basis dieses Antagonismus. Eine individualistische Gesellschaft benötigt einheitliches Verhalten. Diese Homogenität im Verhalten existiert wegen der realen Unterwerfung der Individuen unter das abstrakte gesellschaftliche Ganze, das die Individuen in „Charaktermasken" (Marx) verwandelt. In anderen Worten werden sie simple Repräsentationen – sie tragen die Masken – ihrer sozialen Funktionen (die sie charakterisieren).

Als Folge davon sind die Gegenstände empirischer Forschung soziale Verhältnisse, die vermittelt sind und als Dinge behandelt werden. Meinungsumfragen beispielsweise können den Zustand einer Gesellschaft nicht erklären. Sie zeigen nur ein „falsches Bewusstsein" (Hegel). Generell wird empirische Forschung ideologisch, wenn sie ausgedrückte Meinungen als absolut betrachtet, und folglich den (statistischen) Durchschnitt als die Wahrheit. Vor allem die Philosophie kann dabei helfen, die Objektivierungen, die unsere Gesellschaft kennzeichnen, sichtbar werden zu lassen.

VIII

Das Verhältnis zwischen empirischer Forschung und Gesellschaftstheorie ist auch Teil des berühmten „Positivismusstreits", in dem Denker wie Karl Popper und Adorno (unter anderen) direkt miteinander wetteiferten. Adorno ist fest davon überzeugt, dass der Streit „empirische Forschung: ja oder nein?" belanglos sei, da niemand empirische Forschung als solche ablehnen könne. Er bestreitet das alte, langlebige Vorurteil, wonach die Frankfurter Schule diesen Forschungstyp ablehne oder unterschätze. In der Tat führte sie seit den 1930ern solche Forschung durch. Adorno beruft sich auf die großen Klassiker wie Aristoteles, Marx oder Max Weber, um zu folgern, dass „nie jedoch bedeutende Theoretiker der Gesellschaft empirische Untersuchungen verschmäht [haben]" (Adorno 1969, 540).

Die kritische Theorie der Gesellschaft übersetzt ihre Ideen und theoretischen Konzepte in empirische Forschung: Angeleitet von theoriegestützten Vorstellungen treibt sie das Verstehen von Gesellschaft voran, indem sie mit den Fakten arbeitet und gleichzeitig die empirischen Methoden zu perfektionieren sucht.

Adorno räumt ein, dass sein Konzept im soziologischen Feld nur eine Minderheitenposition einnimmt. Dort dominiert üblicherweise die „Verwaltungsforschung" (Lazarsfeld), deren Bezeichnung als „ideologisch" Adorno kategorisch ablehnt, wie wir vorhin bemerkten. Mit großer Distanz untersucht er auch kritisch die berühmte Studie der Frankfurter Schule aus den 1940ern, „Autoritäre Persönlichkeit". Für unser Thema interessanter als diese Selbstkritik ist seine Mahnung, dass er sich, wie so viele andere, oftmals mit einem Dilemma konfrontiert sehe: Forschung produziere entweder sehr homogene, aber triviale Daten, oder sie bringe höchst interessante Resultate hervor, die aber nicht mit dem Forschungsexperiment übereinstimmten und folglich nicht ausgewertet werden könnten. Dies veranschaulicht deutlich die Wichtigkeit eines theoretischen Rahmens und der theoretischen Konstruktion von Forschungsexperimenten.

IX

Ein anderes, grundsätzlicheres Problem als das eben erwähnte handelt von der Umwandlung von Theoremen in Forschungshypothesen. Adorno vergleicht die Forschungshypothese mit einer Prognose, weil sie empirisch bewiesen oder widerlegt werden kann. Die Hypothese ist mit „Faktizität" befasst. Im Vergleich dazu reicht das Theorem über „Faktizität" hinaus. Das Theorem kann nicht auf eine Hypothese reduziert werden und umgekehrt. Die Notwendigkeit, auf unterschiedlichen Stufen von Hypothesen und Theoremen zu arbeiten, ergibt sich aus einem Verständnis der gesellschaftlichen Wirklichkeit, das davon ausgeht, dass die Wirklichkeit nicht auf Erscheinungen – wie zum Beispiel die verstehbare Form, das explizit entwickelte Argument, etc. - verengt werden kann, die durch der empirischen Forschung einfach zugängliche

Erfahrungen entdeckt werden können. Es existieren auch objektive und abstrakte soziale Strukturen, die wir nicht wahrnehmen, und die wir theoretisch rekonstruieren müssen. Die Soziologie kann sich diesen Abstraktionen nicht verschließen, weil sie in ihrer Analyse der Subjekte die Resultate objektivierter Tatsachen freilegt.

Empirische Forschung, genauso wie Forschungsstrategien, die der Erfahrung bei der Generierung von Wissen Vorrang gewähren, kann nicht für sich allein die soziale Wirklichkeit verständlich machen. Man muss philosophische Traditionen entwickeln, um eine „dialektische Kommunikation" (Adorno) zwischen empirischer Forschung und ihren Resultaten einerseits, sowie andererseits zwischen ihr und den Argumenten und Ideen, die soziale Abstraktion zum Inhalt haben, zu etablieren.

Laut Adorno besteht die wichtigste Schranke sozialwissenschaftlicher empirischer Methoden darin, dass sie die Begrenzungen der Gegenstände, die sie untersuchen, nicht überwinden können. Er unterstreicht den hochgradig subjektiven Charakter empirischer Vorgehensweisen, trotz ihrer zwingenden Forderungen nach Objektivität. Obwohl ihre Methoden und Werkzeuge objektiv sind, sind ihre Objekte subjektiv. Sogar Statistiken behandeln Subjekte. Gesellschaftliche Objektivität wird nicht oder nur marginal berücksichtigt, etwa in Form von Kräfteverhältnissen, sozialen Beziehungen oder von Institutionen, in denen Subjekte handeln und die gesellschaftliche Wirklichkeit konstruieren.

X

Zweifellos deckt sich die etablierte Soziologie nicht mit diesem kritischen Konzept, weder heute noch zu Adornos Zeit. Es herrscht eine Zweiteilung zwischen spekulativen Theorien (unterschiedlichen Ausmaßes) auf der einen und Empirismus auf der anderen Seite vor. Adorno charakterisiert diese Soziologie als objektiviertes Bewusstsein von Gesellschaft, wo Beziehungen oft als „Dinge" betrachtet werden. Empirische Forschung kann „Dinge" aufzeigen; letztendlich legitimiert sie sich dadurch, und es wird ihr möglich, zu florieren. Ihre Resultate sind wie „Ecken auf einem Bild" in einem Film. Deswegen strebt der Empirismus danach, sich von Vergangenheit und Zukunft zu lösen, die er nur als Verlängerung der vorhandenen Gegenwart begreifen kann. Demgegenüber kann die kritische Soziologie sowohl die empirische als auch die abstrakte Ebene der Vergangenheit untersuchen, um zu verstehen, wie und warum die gesellschaftliche Realität von heute wurde, was sie ist. Sie kann auch der Amnesie entgegentreten, die mit den verschiedenen historisch gescheiterten Entwicklungspfaden der Gesellschaft verbunden sind. Die Zukunft existiert nur als mögliche Zukunft, als Potenzial der Gesellschaft zur Transzendenz.

Lassen Sie uns daran erinnern, dass die Gesellschaft nur einheitlich und gut organisiert erscheint. In Wahrheit ist sie hochgradig fragmentiert, individualisiert und widersprüchlich. Kritische Theorie weigert sich, einer Apologie der Gesellschaft zuzuhören; sie glorifiziert ihren Gegenstand nicht. Soziologie ist dafür verantwortlich, die widersprüchlichen Bestandteile der Gesellschaft verständlich zu machen. Die quantitativen Methoden empirischer Forschung produzieren eine Momentaufnahme dieser Bestandteile, die den standardisierten und formatierten Individuen entspricht. Empirische Forschungsdaten präsentieren ein Bild sozialer und kultureller Verhältnisse. Auf diese Weise sozialisieren und standardisieren sie die Menschen. Sie sind widersprüchlich und dynamisch, denn sie sind geworden und im Werden begriffen. Die Soziologie muss diese widersprüchlichen Bestandteile untersuchen, und ebenso die abstrakten Verbindungen zwischen den Fragmenten einer Gesellschaft in konstanter Bewegung mit einbeziehen. Soziologie ist gleichzeitig subjektiv und objektiv. Sie ist subjektiv, weil soziale Verhältnisse auf Beziehungen zwischen Subjekten aufbauen. Sie ist objektiv, weil die Gesellschaft auch ein Ensemble von Objektivierungen ist. Eine Gesellschaft kann durch ihre kleinsten Fragmente verstanden werden; die Soziologie muss deswegen diese Fragmente untersuchen, um die allgemeinen Charakteristika der Gesellschaft zu entdecken („Mikrologie", Adorno 1967).

Schließlich ist Soziologie normativ, weil sie verstehen möchte, um die Lebensbedingungen der Subjekte zu verbessern und um sie zu befreien. Durch ihre Arbeit wollte die Frankfurter Schule sowohl der Soziologie im Allgemeinen als auch ihrem Objekt, d.h. der Entwicklung von Gesellschaft, eine Neuorientierung ermöglichen. „Woran es fehlt, sind Menschen, die wissen, dass sie selbst die Subjekte und Handlanger ihrer Unterdrückung sind" (Horkheimer 1946, 165). Es ist der Ehrgeiz kritischer Soziologie, den Individuen wie der Gesellschaft zu helfen, sich dieses Zustandes bewusst zu werden.

Perspektiven einer kritischen Gesellschaftstheorie

Kritische Gesellschaft wird schnell, und in gewissem Maße zu Recht, mit der Frankfurter Schule und ihrer Kritischen Theorie verbunden. Zwar kann man die kritischen Theorien nicht auf die Frankfurter Schule reduzieren, doch stellt sie einen guten Ansatzpunkt für unsere Überlegungen dar. Wenn wir uns hier den Perspektiven der kritischen Gesellschaft im Allgemeinen und der kritischen Soziologie im Besonderen zuwenden, so geht es nicht darum, die Doxa der Frankfurter Schule oder einer anderen Strömung der kritischen Theorien zu verteidigen. Im Gegenteil, es geht darum, die Eckpunkte einer Kritik dieser Ansätze zu formulieren, die in ihrer Überwindung münden können. Wir schlagen eine phänomenologische Erweiterung der Kritischen Theorie vor, die sicherlich sowohl die Verteidiger der Doxa der Frankfurter Schule als auch die Verteidiger der Doxa der Phänomenologie erstaunen wird.

Erbstücke der kritischen Theorien

Wir stellen also keine rhetorische Frage, deren Antwort hinlänglich bekannt ist: die kritischen Theorien und vor allem die Frankfurter Schule haben eine Reihe von deformieren Interpretationen erfahren, und eine aufmerksame Lektüre der Texte ermöglicht die Restitution der Argumentationen, so wie die „Meister" sie formuliert haben. In dieser Reinheit der Lehre sei dann das soziologische Heil zu finden. Nun hat die Frankfurter Schule, wie alle wichtigen Theorieströmungen (nicht nur die kritischen) ganz offensichtlich viel deformierende und z.T. auch sehr uninformierte Interpretationen über sich ergehen lassen müssen. An dieser Stelle können wir natürlich nicht explizit darauf eingehen, denn unsere Frage zielt auf das Erbe der kritischen Theorien und v.a. der Frankfurter

Schule für die Soziologie heute. Es besteht nicht in der Verteidigung der kanonischen Texte, die für immer und ewig die Wahrheit enthalten, die man nur in ihrer Reinheit herausarbeiten und reproduzieren muss. „Erben" ist ein aktiver, kreativer, voluntaristischer und im Grunde kritischer Prozess. Zunächst muss man erben wollen. Dann geht es darum, in Theorien, die ihrer Epoche und einer Gesellschaft angehören, systematisch und ohne in die Falle des Eklektizismus zu tappen, diejenigen Argumentationen zu identifizieren, die bei der Analyse der heutigen Gesellschaft hilfreich sein können. Schließlich geht es darum, diese Argumentationen in den Analysen unserer heutigen Gesellschaft fortzuführen. Damit sind die klassischen Theorien überwunden in der Analyse der aktuellen Gesellschaft, die aus der Überwindung der früheren Gesellschaft hervorgegangen ist.

Heute, gut 30 Jahre nach dem Auseinanderlaufen der Frankfurter Schule, wollen wir uns die Frage stellen, ob diese beschädigte Theorie noch etwas zur Gesellschaftsanalyse beitragen kann, ob es noch etwas zu erben gibt, oder ob wir sie getrost ins Regal der Ideengeschichte einordnen können. Vielleicht kann sie noch als Bezugspunkt der akademisch mondänen Diskussionen dienen, auf die es sich halt immer mal wieder, am angenehmsten mit einem Glas in der Hand, Bezug nehmen lässt. Allerdings in diesem Fall wäre sie nur ein Beispiel für die beeindruckenden intellektuellen Unternehmen, die leider oder notwendigerweise gescheitert sind wie so viele Theorien, die sowohl den Kapitalismus als auch die Gesellschaftstheorien kritisieren wollten, um sie zu überwinden. Die Soziologie, aber auch die anderen Sozialwissenschaften, könnten in diesem Fall ruhig ihres Wegs gehen, ohne sich mit dem sperrigen Gepäck dieser Theorie zu belasten.

Kritisieren

Doch sollte man mit dieser Todesnachricht recht vorsichtig umgehen. Als Adorno 1951 seine *Minima Moralia* publizierte, gab er dieser Aphorismensammlung über sein Leben als Forscher in der Gesellschaft den Untertitel "Reflexionen aus dem beschädigten

Leben". Dieser Untertitel ist programmatisch zu verstehen. Adornos Reflexionen gehen von seinem singulären Leben aus, ohne sich in biographischen Anekdoten oder biographischen Beschreibungen zu verlieren. Sein Leben in der Gesellschaft ist die Basis seiner Überlegungen mittels derer er sich aus dieser Gesellschaft und aus seinem beschädigten Leben herausreißen will. Weil es sein Leben ist, ist es ein konkretes Leben in einer konkreten Gesellschaft mit konkreten Beziehungen zu den Anderen. Er will sie verstehen, um sie zu überwinden. Wir haben es mit einer Form der Transzendenz zu tun.

Von Anfang an, seit den 1920er Jahren, beziehen sich die Arbeiten der Forscher des Instituts für Sozialforschung, die man später als Frankfurter Schule bezeichnete, auf die Transzendenz i.S. Immanuel Kants, die in der Perspektive der Negativität (Hegel) weitergedacht wurde. Negativität bezeichnet aus einer soziologischen Perspektive, dass jedes Sein ist und damit ist es ein konkretes Dasein, dieses Dasein ist auch das, was es noch nicht ist. Es trägt in sich das Potential seiner eigenen Überwindung, aber man kann es dennoch nicht auf dieses Potential reduzieren.

Kritisieren bedeutet deshalb nicht, wie man es in der Soziologie aber auch im Alltagsdiskurs so oft hört, die Missstände, die Leiden der Menschen oder etwa die Ungerechtigkeiten zu denunzieren. Sicherlich ist es wichtig und vollkommen legitim, diese Missstände publik zu machen, damit sie verschwinden, doch geht es der Kritik um etwas anderes. Für die kritische Tradition, im Gegensatz zu den meisten soziologischen Ansätzen, entsteht die Intelligibilität oder das Verstehen der sozialen Phänomene nicht quasi spontan in den sozialen Praktiken. Es geht ihr darum, die Negativität der sozialen Phänomene, der Weltanschauungen und der Theorien zu verstehen und sie publik zu machen. Auf diese Art verlängert die Frankfurter Schule eine Tradition die zumindest über den jungen Lukacs und Marx auf die "Linkshegelianer" und die klassische deutsche Philosophie zurückgeht.

Die spätere Frankfurter Schule gruppierte sich, wie andere intellektuelle Gruppen in der Weimarer Republik, um eine Programm, das schnell ausgearbeitet wurde und dieser Strömung ihre Besonderheit gab. Es handelt sich um eine spezifische Variante der bekannten Marxschen Formel der „Kritik der Waffen und die Waffe der Kritik".

Nun hat die Kritik bekanntlich nicht mit der Frankfurter Schule Einzug in das europäische Denken der Gesellschaft gehalten. Zumindest seit der griechischen Polis gab es immer wieder Epochen und Perioden, in denen Denker der Gesellschaft ihre Analysen nicht nur zum aktuellen Stand der Gesellschaft, zur ihrer Genesis sondern auch zu deren möglichen Zukünften in der Öffentlichkeit vortrugen. Natürlich gingen die Meinungen (i.S. Hegels) darüber meist auseinander, und eine öffentliche Debatte kommt in Gang, um die richtigen Erklärungen und die beste Zukunft für die jeweilige Gesellschaft zu finden. Diese Debatten wurden immer nach sozial etablierten Regeln unter Gleichen geführt. Dies ist wichtig, denn man sollte sich auch davor hüten von diesen Debatten eine wirklich demokratische Dimension abzuleiten. Schon das Beispiel der Polis zeigt, dass nur wenige Einwohner dieser Stadtstaaten (i.d.R. Athens) an dieser Debatte teilnehmen konnten. Die Frauen, die meisten Männer, die Minderjährigen sowie die Ausländer waren von dieser Öffentlichkeit ausgeschlossen. Sie war den etablierten Regeln nach keine Bürger, also keine Gleichen. Es handelt sich auch immer um Herrschaftsdiskurse, die per se, zumindest auf der symbolischen Ebene, gewaltbesetzt sind. Wir haben es mit Herrschaftsdiskursen zu tun, weil das für diesen Diskurs qualifizierte Publikum seine Entscheidungen auch den anderen Mitgliedern der Gesellschaft aufzwang. Es gab auf diese Art u.a. das Gesellschaftsprojekt vor. Wir sind also weit von einem demokratisch-egalitären Ideal entfernt, doch selbst wenn diese Diskurse weder egalitär noch vernünftig waren, sie könnten es sein, denn sie drehen sich immer um das Verhältnis von Individuen in der Gesellschaft und die Kriterien der Konstitution des Verhältnisses zwischen den Individuen und der Gesellschaft. Es ging immer um die Formen und Kriterien des Zusammenlebens in der gegebenen Gesellschaft, mit einem Blick auf die Vergangenheit und v.a. auf die Zukunft der Gesellschaft: wie wollen, wie sollen, wie können wir morgen zusammenleben?

In der europäischen Tradition waren diese Diskurse in der Öffentlichkeit meist kritisch i.d.S. dass sie die Mängel, die in der aktuellen Gesellschaft bestehen, aufzeigen, ihre Gründe darlegen und ihr mögliches Überwinden angeben. Diese Mängel werden von den Mitgliedern der Gesellschaft als solche erlebt und oft sogar erlitten. Es geht also v.a. um die mögliche und wünschenswerte Überwindung dieser Mängel, die eine, nach gewissen moralischen und ethischen Kriterien, bessere Zukunft hervorbringt. Die Zukunft ist ein neuer, ein zu realisierender sozialer Zusammenhang zwischen dem Ich, den Anderen und der Totalität der Gesellschaft.

Die Kritik ist also immer ein öffentlicher Diskurs und sie verbindet immer die Aktion und die Analyse, die „Kritik der Waffen und die Waffe der Kritik" (Marx), denn sie ist getragen von der Negativität i.S. Hegels, d.h. von dem Bewusstsein, dass das was ist auch das ist, was es noch nicht ist, denn in jedem Phänomen steckt auch die Möglichkeit seiner Überwindung. Diese Negativität ist der roten Faden der Konstitution der Weltanschauungen und Theorien aber auch des gesellschaftlichen Zusammenhangs: das was heute existiert, ist eine überwundene Vergangenheit, die sich ihrerseits wieder überwindet in eine offene und unbestimmte Zukunft, die die Menschen nach gewissen Kriterien gestalten. Schließlich existiert diese Negativität auch in den Individuen. „Sie ist am besten in dem Begriff der individuellen Freiheit aufgehoben. Deshalb ist er heute so aktuell" (Horkheimer 1951b, S.19). Das gibt der Kritik ihren normativen Aspekt und zeigt an, dass das Individuum im Mittelpunkt der kritischen Theorien steht. Man muss dies umso mehr betonen als wir heute in einer spezifisch individualisierten Gesellschaft leben, die wir als *seriellen Individualismus* charakterisiert haben. Horkheimer präzisiert andernorts die Bedeutung der individuellen Freiheit, wenn er bzgl. des Individuums schreibt „... seine Freiheit, das eigentlich menschliche, liegt in der Kraft, nicht stereotyp zu werden, sondern das Neue zu erfahren, das zu wollen, was nicht je schon ist, das nicht bloß Bestehende und Seiende, das andere" (Horkheimer 1951a, S. 77). Die Freiheit des Individuums ist als sein Wille, das Bestehende bewusst und kreativ zu überwinden. Sartre wäre mit dieser Position sicherlich einverstanden.

Die Kritik der Gesellschaft, ihres Zustandes, ihrer Genesis und ihres Potentials sowie die Kritik der Weltanschauungen und der Theorien verweisen immer wieder auf eine konkrete Gesellschaft, die Gesellschaft in der der Kritiker lebt. D.h. für uns heute: eine post-nationale und seriell individualisierte Gesellschaft. Deshalb sind die intellektuellen Unternehmen der kritischen Theorien immer soziale Praktiken. Es sind Beiträge zur Konstitution der Gesellschaft, und die Kritik eine bewusste Art das Verhältnis von Kritiker und Gesellschaft zu leben. Kritiken sind keine akademischen Stilübungen oder ein moralistisches Lamento. Die so in die Gesellschaft eingebundene Kritik stützt sich auf das „Unbehagen in der Kultur" (Freud 1929/1971). Deshalb entwickeln die kritischen Gesellschaftstheorien eine große Sensibilität für die Risse und Brüche in der Gesellschaft, für die Leiden und „soziale(n) Pathologien" (Honneth).

Horkheimer hat die „Empörung" als eine Erkenntnisposition entwickelt. Dieser dramatische Begriff beschreibt eine Erkenntnisposition, die sich vom „Unbehagen in der Kultur" nährt. Außerdem versteht sie ihre Einschreibung in die Gesellschaft und sie verwechselt nicht die Überwindung von „sozialen Pathologien" mit zu regelnden Problemen oder zu denunzierenden Missständen. Kritische Theorie ist eine engagierte Theorie im Sartreschen Sinn. Sie weiß von ihrer subjektiven Einbindung in die Gesellschaft, sie weiß von ihrer Verantwortung, aber sie ist keine Gebrauchsanweisung z.B. der Staats-, der Partei- oder der Verbändepolitik. Die kritische Soziologie will die Gesellschaft verstehen, will ihren Sinn und ihre Negativität aufdecken.

Methodenfragen

Die « progressiv-regressive Methode » Sartres, die viel dem Soziologen Henri Lefebvre verdankt, ermöglicht es, die Dialektik von Individuen und dem sozialen Feld u.v.a. der Serialität zu verstehen. Um nicht allzu sehr von unserer Betrachtung der Frankfurter Schule abzuweichen, wollen auf einige Besonderheiten deren Methode hinweisen.

Man kann schon in den 1930er Jahren in der Entfaltung und Ausarbeitung des Programms der Kritischen Theorie zwei konkurrierende und nicht wirklich kompatible Konzeptionen feststellen.

Die erste Konzeption ist sicherlich die bekannteste. Horkheimer hat sie explizit u.a. in seiner Antrittsvorlesung, im Programm des Instituts für Sozialforschung und vor allem in dem Text „traditionelle und kritische Theorie" dargestellt. Die zweite Konzeption hat Adorno etwa zur selben Zeit entwickelt, der im Gegensatz zu Horkheimer schon soziologisch gearbeitet hatte.[14] Es geht im Grunde um eine methodische Differenz, die zunächst als Frage über das Verhältnis zwischen der Philosophie und den anderen wissenschaftlichen Disziplinen, v.a. der Soziologie thematisiert wird.

Horkheimer verteidigt in den ersten Entwürfen der kritischen Theorie eine recht konventionelle interdisziplinäre Konzeption unter der Federführung der Sozialphilosophie.

In der Konzeption Adornos spielen die Soziologie und die Soziologen eine besonders wichtige Rolle. Um die Soziologen zu charakterisieren, bedient er sich eines Ausdrucks von Heidegger. Er nennt sie „Fassadenkletterer" des runtergekommenen Gebäudes der bürgerlichen Gesellschaft und auch des nicht besser erhaltenen Gebäudes der großen philosophischen Systeme. Als Fassadenkletterer bringen die Soziologen besonders wertvolle Teile dieser Philosophien in Sicherheit. Als Fassadenkletterer an der stark zerfallenen Fassade der bürgerlichen Gesellschaft sichern sie in ihrer Forschung einzelne Bestandteile und einzelne Segmente der Sozialbeziehungen. Man versteht nun relativ einfach, warum Adorno der Soziologie eine solch große Bedeutung zumisst, denn sie hat den Zugang zur Faktizität, die er mit dem Bild der Fassade benennt und die der Philosophie, auf die z.B. Horkheimer setzt, versperrt ist. Adorno nennt die Objekte der soziologischen Analyse „enigmatische Figuren". Die Analyse dieser „enigmatischen Figuren" zeigt den Zusammenhang der Fragmente auf und leistet, in fine, einen Beitrag zur Wahrheitsfindung. Auf diese fragmenthafte Art leisten sie ihren Beitrag zum Verstehen der fragmentierten und zerrissenen (um ein von Adorno so oft benutztes Wort zu übernehmen) sozialen Welt.

In seinen späten Schriften präzisierte Adorno die Analyse des Fragmentarischen mittels des „mikrologischen Blicks". Ohne

---

14 Vgl. zu diesen v.a. musiksoziologische Arbeiten z.B. Vincent 2004.

den Blick auf die Totalität der Gesellschaft zu verlieren, geht es darum, mittels des „mikrologischen Blicks" (Adorno), das Augenmerk auf das Fragmentierte, die Details, auf das Singuläre und das Alltägliche zu richten, doch sollte man dies nicht mit der Banalität verwechseln, die durch die Kulturindustrie in unser aller Leben tief eingebrochen ist. Der „mikrologische Blick" ist getragen von dem, was der junge Horkheimer „Empörung" nannte. Er konkretisiert sich in der Sensibilität des Forschers für die oft subtilen Leiden, die Mängel und die Hoffnung der Subjekte. Ihr Erleben und ihre Erfahrungen spielen eine entscheidende Rolle. „Das Bedürfnis, das Leiden auszudrücken, ist die Bedingung jeder Wahrheit" schreibt Adorno in der „Negativen Dialektik", doch bescheiden sich die kritischen Ansätze nicht mit dem Aufzeichnen von Erlebnissen und Lebens(ver)läufen der Individuen. Es gilt deren Isolierung aufzuheben, indem man die recht abstrakten aber real wirksamen Zusammenhänge zwischen den isolierten Existenzen aufzeigt. „Jedes Individuum steht im Mittelpunkt seiner Welt und weiß zugleich, dass es in der wirklichen überflüssig ist. Seine metaphysischen Träume müssten ihm den Weg aus diesen Erfahrungen im Alltag zeigen" (Horkheimer 1937c, S. 113). Sartre würde diese Position sicherlich teilen. Auf diese Art werden die Fragmente verständlich als oft schmerzhafter Widerspruch zur Totalität, die das Individuum erlebt und, um in dieser Gesellschaft zu existieren, aushalten muss oder daran zerbricht oder sich daran macht, sie zu überwinden. Auf diese Art wird der Subjektivität Rechnung getragen: es sind „beschädigte Leben", wie es der Untertitel von Adornos „Minima Moralia" anzeigt. Dennoch es sind reale und konkrete Leben, unsere Leben.

In den beiden Konzeptionen erkennt man ganz klar, dass die etablierten Theorien des Sozialen, seien es nun philosophische oder soziologische Theorien, für unfähig erklärt werden, das Soziale und die Produktion der Ideen zu verstehen, wegen ihrer theoretischen Positionen, wegen ihrer Methoden und wegen ihrer Objekte. Deshalb schlägt Horkheimer eine Art „Bund wissenschaftlicher Disziplinen" unter der Führung der Sozialphilosophie vor.

Adorno will dagegen eine „dialektische Kommunikation" (Adorno) zwischen den verschiedenen akademischen Disziplinen aufbauen. Er will das Soziale, die Ideen und die Theorien von dem aktuellen Zustand ihres Objektes aus denken: ein fragmentiertes, ein segmentiertes und abstrakt zusammen gehaltenes Objekt. Dies bezieht sich sowohl auf die sozialen Fragmente als auch auf die Individuen als auch auf die Ideen. Schematisch ausgedrückt: um die wichtigsten Züge der Gesellschaft zu verstehen, kann man sich auf die soziologische Tradition stützen; um die Individuen zu verstehen, kann man sich auf die Psychoanalyse beziehen, und die kritische Analyse der Ideen stützt sich auf die philosophische Tradition. Doch muss man immer wieder bedenken, dass es Adorno nicht um eine transdisziplinäre Fusion dieser drei Traditionen geht und auch nicht um die Unterordnung der Disziplinen unter die Führung einer anderen, sondern es geht ihm um die Überwindung dieser Disziplinen. Die kritische Theorie hat den Anspruch zumindest einen Teil dieser Überwindung auszudrücken.

Die soziologischen Arbeiten der Frankfurter Schule waren weitgehend von der Adorno'schen Konzeption geprägt. Allerdings muss auch an den bedeutenden Einfluss der Psychoanalyse, v.a. Fromm'scher Lesart, erinnert, die uns aber von unserem Thema abführen würde.

Ein nicht eingelöstes Programm?

Man kann nicht der einfachen aber folgenreichen Frage ausweichen, ob dieses Programm wirklich eingelöst wurde. Zeigen die Arbeiten der Frankfurter nicht die Unmöglichkeit, dieses Programm zu realisieren, d.h. sein Scheitern? Zunächst kann man natürlich über die Qualität der vielfältigen Arbeiten diskutieren, die ihrerseits vielleicht nicht immer vollkommen überzeugend sind. Doch darauf möchte ich hier nicht weiter eingehen.[15] Ich möchte eine recht verbreitete Position hervorheben, derzufolge schon ein erster, üblicher und m.E. oberflächlicher Überblick über die Arbeiten der Frankfurter Schule (v.a. der Arbeiten von Adorno und Horkheimer) zeigt, dass es ihr weder an Einsatz noch an intellektueller Phantasie gefehlt hat. Doch die Entwicklung ihrer Theo-

---

15 Vgl. zu den soziologischen Arbeiten der Frankfurter Schule Spurk 2001.

rie endet ziemlich schnell in einer nüchternen, vielleicht sogar resignierten Feststellung. Sie lässt sich wie folgt resümieren: der Kapitalismus ist unüberwindbar geworden, weil die Subjekte seine Überwindung nicht mehr wollen können.

Nun hat die Frankfurter Schule in der Tat in vielen Arbeiten gezeigt, dass und wie sich die instrumentelle Vernunft im 20. Jahrhundert dramatisch, oft tragisch und mit barbarischen Mitteln durchgesetzt hat. Man kann hier beispielsweise verweisen auf ihre verschiedenen großen Analysen wie der *autoritäre Staat*, die verschiedenen Schriften über die Juden, *Kritik der instrumentalen Vernunft, Dialektik der Aufklärung, die Negative Dialektik*, die verschiedenen Arbeiten über die Kulturindustrie usw., aber auch ihre Arbeiten über die Handlungslogiken, Weltanschauungen und Sozialcharakteren (*Studien über den autoritären Charakter*) und die verschiedenen Theoriekritiken.

Außerdem zeigen diese Analysen auch wie tief sich die Akteure in den Kapitalismus eingeschrieben haben, und wie tief sich der Kapitalismus in sie eingeschrieben hat, selbst wenn die Erscheinungsformen stark variieren zwischen der Revolte und der expliziten Anpassung.[16] Der Kapitalismus ist ihre „zweite Natur geworden", wie die Autoren der Frankfurter Schule so oft schreiben. Ist das transzendentale Subjekt somit verschwunden? Die *Studien über den autoritären Charakter* z.B. werden oft in dieser Art interpretiert.

Die instrumentelle Vernunft dominiert so sehr, dass die Individuen die Überwindung nicht mehr denken können und nicht mehr denken wollen, die Theorien ihrerseits können und wollen die Negativität nicht mehr analysieren. Da es keinen Zusammenbruchsdeterminismus im Kapitalismus gibt und keine gottähnliche Instanz gibt, die in den Lauf der Geschichte eingreifen kann, wird sich der Kapitalismus immer weiter reproduzieren, da er kein internes Ende hat. Sogar Marx hat diese Möglichkeit betont.[17] Nun kann die Reproduktion des Kapitalismus sehr verschiedenen Formen hervorbringen. Sie kann mehr oder minder gewalttätig oder konsensuell sein, aber es kann keine Überwindung mehr geben.

---

16 Dieser Begriff stammt natürlich von Georg Lukacs (1922).
17 Vgl. v.a. den dritten Band des *Kapitals*.

Kurzum: die Überwindung ist nicht mehr denkbar und deshalb nicht mehr möglich. Die Negativität hat ihr Überwindungspotential verloren, sie ist positiv geworden.

Dominante Soziologie als traditionelle Soziologie

In der heutigen Soziologie dominieren die "traditionellen Theorien" i.S. Horkheimers so eindeutig, dass die kritischen Theorien in argumentative Legitimationszwänge geraten sind. Ihre argumentative Achse und ihre argumentative Stärke besteht darin, dass sie die bestehende Gesellschaft als deren Dasein, als deren einmal gegebene Form und als ihre Positivität darstellt. Diese Gesellschaft, ob man sie nun mag oder nicht, ist da und, von einigen Varianten abgesehen, sie kann nichts anderes sein als sie ist. Auf diese Art schleicht sich v.a. in die positivistische Soziologie eine Art unterschwellige Metaphysik ein. Diese Gesellschaft wird zur Fatalität, die meist „Notwendigkeit" genannt wird. Schon Erich Fromm (1937) hat darauf hingewiesen, dass diese Positionen eine reale Ohnmacht ausdrücken: die Ohnmacht der gesellschaftlichen Subjekte und auch die Ohnmacht der Gesellschaftsanalytiker.
Auf der begrifflichen Ebene kann man diese unterschwellige Metaphysik leicht aufbrechen. Schon der Hegelsche Begriff der Notwendigkeit ist wörtlich zu nehmen. Es geht darum, die Not zu wenden. Oder anders ausgedrückt: es geht darum, die bestehenden, erfahrenen und erlebten Mängel zu überwinden. Somit sind wir wieder am Beginn des kritischen Denkens der Gesellschaft angekommen. Es geht ihr „... um die Bilanz dessen, was in der Welt passiert, und auch um das, was passieren kann" (Mills 1977, S. 7).

Dennoch – wie wir sahen – die Zukünfte sind immer offen und unsicher. Diese möglichen Zukünfte sind nicht als positive Utopien einer idealen Gesellschaft, als eine Art irdisches Paradies, gefasst, sondern sie werden aus der bestehenden Gesellschaft heraus gedacht, denn sie existieren potentiell in diesen Gesellschaften, aber dazu braucht man viel „soziologische Phantasie" (Mills, Negt). So kann man z.B. durch die Kritik heteronomer Lebensformen die mögliche Autonomie der Individuen denken. Deshalb ist es wichtig, die Einschreibung der Individuen in die Gesellschaft und der Gesellschaft in die Individuen in aller Radikalität zu analysieren, um sie zu verstehen. Dies hat nicht mit resignierter oder selbstgefälliger Selbstbemitleidung zu tun, sondern es geht um intellektuelle Redlichkeit und sinnsuchendes Verstehen.

Perspektiven kritischer Soziologie

Nun scheint mir diese Lesart der Entwicklung der kritischen Theorie in einem doppelten Sinn überzogen und im Grunde falsch. Zunächst gelte es zu klären, wie werkgetreu diese Interpretation wirklich ist. Dies ist nicht unser Thema, und dies wäre sicherlich im Rahmen dieses kleinen Beitrags nicht zu leisten. Diese Positionen scheinen mir eher die Weltanschauungen derjenigen zum Ausdruck zu bringen, die diese Diskurse führen, als die Positionen der Frankfurter Schule. Zweitens werden die Anstrengungen der Frankfurter Schule, zu erklären und zu verstehen, warum sich der Kapitalismus nach dem Zusammenbruch der bürgerlichen Gesellschaft durch den Faschismus weiter reproduziert, seine Form wechselt und immer unwidersprochener wird, mit der Feststellung der Unkritisierbarkeit und Unüberwindbarkeit der nachbürgerlichen Gesellschaft verwechselt.

Man sollte sich einige, im Grunde hinlänglich bekannte Sachverhalte wieder in Erinnerung rufen: die Gesellschaft ist auch heute noch voller Widersprüche und sie ist stabil. Wie wir gesehen haben, sind die heutigen Gesellschaft (zumindest in Europa) als individualisierte, serielle, fragmentierte und zerrissene Gesellschaft zu kennzeichnen. Diese Gesellschaften sind nicht anomisch sondern erstaunlich stabil aber nicht allgemein glückstiftend. Die ungeheuren Anstrengungen, z.B. auf individuelle Weise sein Glück zu finden oder das fast normal gewordene „burning-out" sind nur zwei Beispiele, die zeigen wie dramatische die Situationen vieler Individuen sind.

Diese Gesellschaft hat keinen Selbstlauf, aber sie erscheint den Akteuren als „zweite Natur". Die Gesellschaft erfindet sich tag-täglich in den Aktionen und durch die Aktionen der Individuen, die in ihr leben. Die Gesellschaft entgleitet ihnen deshalb immer wieder, sie muss ihnen sogar entgleiten, denn sie ist immer unvollendet. Die Analyse der Gesellschaft muss deshalb auch unvollendet sein.

Der Ansatz der kritischen Theorie unterscheidet sich grundsätzlich von der dominanten Soziologie, die man seit langem als „topologisches Denken" (Adorno) charakterisieren kann. Sie stellt die soziale Welt dar, so wie sie (ihrer Meinung nach) ist, in der sie den Platz eines jeden kennt bzw. kennen will, in der alles eine Ordnung hat. Mag man diese Welt auch (sehr) verbesserungsbedürftig halten, die Analyse besteht darin, zu zeigen wie die soziale Welt ist und nicht wie sie sein könnte. Die Überwindung hat in diesen Analysen keinen Platz. Das politische oder assoziative Engagement einiger Soziologen (es sind in Wirklichkeit relativ wenige) für eine bessere Gesellschaft ist nur sehr indirekt mit ihrer Analyse verknüpft, oder sie betätigen sich als Experten, womit sie sich – wie wir sahen – nicht mehr im Feld der kritischen Theorien situieren.[18]

Für diese Soziologien ist die Gesellschaft fast inert. Ihre Entwicklung ist durch gewisse Gesetzmäßigkeiten geregelt, die man sicherlich erkennen aber die man nicht grundlegend verändern kann. Sie zwingen sich den handelnden Subjekten auf. Dies gibt der Soziologie oft einen deterministischen Zug oder sie führt zu Positionen, die einfach die Frage nach dem Verstehen des gesellschaftlichen Zusammenhangs zurückweisen. Diese Soziologie entspricht dem Erleben vieler Individuen und erklärt im Grunde ihren relativ großen Publikumserfolg, denn die Menschen erleben sich als Objekte und nicht als Subjekte der Geschichte. „Deshalb erscheint ihnen die Geschichte erloschen, und alles was ihnen passiert, ist von ihnen unabhängig" (Adorno 1950, S. 50).

Außerdem wird leicht verständlich, warum die „zweite Natur" eine solch große Rolle spielt. Was man nicht beherrschen kann, muss auf einer Art Natur beruhen. Die Natur, wie man weiß, ist zwar veränderbar, aber auch nicht grundlegend, v.a. kann man sie nicht überwinden. Sartre bezeichnet dies als „Prinzip der Inertie" (principe de l'inertie), d.h. das Objekt bestimmt den Menschen

---

18 Vgl. hierzu etwa das Beispiel Pierre Bourdieus.

als jemanden, von dem ein bestimmtes Verhalten erwartet wird. Wenn er sich entsprechend verhält, entsteht eine bestimmte Sozialstruktur.[19] Marx hat dies schon mit dem Begriff des Fetischismus benannt.

Diese Gesellschaft „nimmt den Menschen" wie Horkheimer schreibt. Sie passt sich tendenziell der Entwicklung der Maschinerie an und produzierte standardisierte Menschen, die keine intellektuelle Spontaneität und keine soziale Phantasie mehr haben. Dennoch, die Gesellschaft konstituiert sich in und durch das Handeln dieser Menschen, Menschen wie wir. Die Menschen schaffen die Gesellschaft und die Geschichte. In ihrem Erleben und in ihren Weltanschauungen allerdings ist „alles (...) konstant insofern als die Menschen nicht frei sind ihrer eigenen Gesellschaft gegenüber; sie lassen sich durch die Sozialbeziehungen beherrschen anstatt ihr eigenes Schicksal zu schmieden" (Horkheimer 1951c, S. 77). Sartres Begriff der Serialität kommt dieser Bestimmung sehr nahe.

Sartre unterstreicht einen anderen Aspekt, den Adorno und Horkheimer ohne Zweifel teilen würden. „ ... die Menschen halten sich für eine Summe von Atomen oder für ein mechanisches System und ihre Praxis versucht ihr materielles Sein zu retten in einem inorganischen Ensemble, das sie als Totalität wahrnehmen" (Sartre 1960, S. 310).

Dieser erlebte soziale Horizont erscheint den meisten Akteuren (aber auch den meisten Sozialwissenschaftlern) als unüberschreitbarer Horizont ihrer Existenzen und auch ihrer Analysen. Dennoch reduziert sich das Erleben und Erfahren der Subjekte nicht darauf. Sie sind widerspruchsvoll.

Die kritische Soziologie schiebt das Erleben und die Erfahrungen der Individuen nicht beiseite. Ganz im Gegenteil! Das konkrete Individuum ist der Angelpunkt der kritischen Theorien. Man muss sich an eine der Grundlagen der Marx'schen Analyse erinnern, die in der soziologischen Diskussion (aber leider nicht nur hier) weitgehend in Vergessenheit geraten ist. In der „Deutschen Ideologie" z.B. unterstreicht Marx dramatisch die Bedeutung der reellen, in ihrer natürlichen und gesellschaftlichen Umwelt situierten Individuen für das Verstehen der Gesellschaft. „Die

---

19 Vgl. Sartre 1960, S. 296.

Voraussetzungen, mit denen wir beginnen, sind keine willkürlichen, keine Dogmen, es sind wirkliche Voraussetzungen, von denen man nur in der Einbildung abstrahieren kann. Es sind die wirklichen Individuen, ihre Aktion und ihre materiellen Lebensbedingungen, sowohl die vorgefundenen wie die durch ihre eigene Aktion erzeugten. Diese Voraussetzungen sind also auf rein empirischem Wege konstatierbar" (Marx). In der Frankfurter Schule wurde diese Tradition bewusst aufgegriffen; Sartre kommt über einen anderen, phänomenologischen Weg sehr schnell zu einer ganz ähnlichen Position.

Die Erfahrung der Subjekte ist immer an ihr Erleben gebunden. Sie ist nicht mit unseren sinnlichen Erfahrungen (z.B. riechen, schmecken etc.) zu verwechseln. Es handelt sich um „... mehr oder minder in diese Gesellschaft eingebundene Wahrnehmungs- und Empfindungsweisen, die mannigfaltig durch bürgerliche Ideologien geprägt sind" (Negt 1978, S. 43). Wir haben es also mit einem aktiven Prozess der Verarbeitung von Realität zu, der unmittelbar mit dem Handeln auf diese Realität verbunden ist. Dieses Handeln ist eine Auseinandersetzung mit der Situation des Subjekts, in die auch die Erfahrung von Leiden, von Mängeln, von Ungerechtigkeit usw. eingeht. In der Erfahrung konkretisiert sich die Negativität, denn wer z.B. Ungerechtigkeit erfährt, hat auch eine (vielleicht sehr vage) Vorstellung von einer gerechten Gesellschaft.

Die kritische Soziologie kennt nur konkrete Situationen und konkrete Menschen, die in diesen Situationen leben. Diese Situationen sind in einem sehr einfachen Sinn kontingent: die Menschen haben sie vorgefunden, sie verändern sie in einer gewissen Weise indem sie ihr Leben leben. Sie sind „zuviel und nicht genug" (Sartre). Meist unterwerfen sie sich unter die vollendeten Tatsachen und nur selten lehnen sie sich dagegen auf. Diese seriellen Menschen interessieren uns, und wir wollen nicht nur verstehen, „was man aus ihnen gemacht hat, sondern v.a. was sie daraus machen, was man aus ihnen gemacht hat" (Sartre).

Nun ist es hinlänglich bekannt, dass sich das Erbe der Aufklärung nicht nur weitgehend verloren hat, im 20. Jahrhundert mussten wir die „Dialektik der Aufklärung" erleben. Das, zumindest behauptete Band von der Aufklärung zwischen den Individuen, der Vernunft und der Freiheit ist zerrissen. Die Unfähigkeit, ja der Unwillen große soziale Zusammenhänge vernünftig zu denken, ist bekannt. Die Individuen sind in ihrem alltäglichen Dasein gefangen. In der Soziologie (aber nicht nur hier) finden wir sogar oft Darstellungen dieser Gefangenschaft, als handele es sich um neue Freiheitszonen. In dem Maße, indem sich die Vernunft und die Rationalisierung getrennt haben, stellen wir die zunehmende Autorationalisierung (i.S. Mannheims) fest, die das Individuum zum Gefangenen kleiner Fragmente macht und die Fragmentierung unserer Gesellschaften begründet. Schon 1946 hält Horkheimer fest, dass „der Mensch, um zu überleben, zu einer Art Apparat der eigenen Anpassung wird. Er hat im Idealfall immer die adäquaten Reaktionen, um zu überleben. Der Prozess der Anpassung ist jetzt vorsätzlich und deshalb total geworden" (Horkheimer 1946, S. 108). Aus diesem Grund passt sich das Individuum so gut es geht an die etablierten Regeln und Vorschriften an sowohl in seinem Lebensstil als auch in seiner Art zu denken und zu fühlen, in seiner Art mit den Anderen umzugehen usw. Mit Sartre ausgedrückt, haben wir es mit einer tiefgreifenden Serialisierung zu tun, in der die Entfremdung weit über den Arbeitsbereich (wo sie schon früh analysiert wurde) hinausgreift und in das Denken und in das Gefühlsleben eingreift. Dasselbe kann man für die Fetischisierungen festhalten. Dennoch kann man diese dramatische Lage noch als Negativität denken, denn das „Leiden" (Adorno), d.h. die erlebten Mängel verschwinden nicht. Deshalb bleibt der Drang zur Überwindung, der allerdings keine oder recht perverse Ausdrucksformen annehmen kann, die die gewalttätigen, destruktiven und autodestruktiven Züge der Gesellschaft erklären.

Die Suche der möglichen Zukünfte richtet sich auf die Möglichkeit einer kollektiven Zukunft, die man Assoziation der freien Menschen nennen kann. Diese Zukunft ist vorstellbar und deshalb ist sie möglich. Die kritische Soziologie will sie aus der heutigen Gesellschaft heraus denken. Wie gesagt, es geht nicht um die positive Utopie einer idealen Gesellschaft. Adorno belegt die kritische Theorie sogar mit einem „Bilderverbot" (Adorno), denn die positiven utopistischen Projektionen verlängern die Gegenwart in eine fiktive Zukunft. Deshalb findet man in deren Realiserung (sversuchen), in fine, die perversesten Formen der Gesellschaft, die man überwinden will, wieder: Macht, Unterdrückung, Gewalt. M.E. spielt Adorno auf die vielfältigen Sozialismusutopien stalinistischer Provenienz an.

Es geht darum, diese Gesellschaft zu verstehen und ihren Sinn aufzuzeigen, die als ausweglos und fatalistisch erscheint, eine opake Gesellschaft, die den Individuen immer weniger Sicherheit und Geborgenheit geben kann, eine Gesellschaft die, tief fragmentiert und zerrissen ist, die die Individuen immer tiefer ihre existentiellen Ängste leben lässt. Kurzum: die Menschen erleben die Mängel in dieser Gesellschaft und es gilt das Potential zu entdecken, um diese Mängel zu überwinden. Dies kann nicht durch eine Reise in die Innerlichkeit geschehen sondern durch das radikale Hinterfragen der immer komplexer werdenden Beziehungen zwischen den Individuen.

Schlussbemerkung

Wir müssen auch einen anderen Aspekt der Position der kritischen Theorien im Allgemeinen und der kritischen Soziologie im Besondern betrachten. Haben wir festgehalten, dass sie Aktion und Analyse zusammen denken, so erstaunt es nicht, dass sie sich häufig vor der leicht verständlichen Frage finden: „ und du, was schlägst du denn nun vor, nachdem du so lange über die Negativität der Gesellschaft geredet hast?". Ganz gleich mit welchem politischen Impetus diese Frage gestellt wird, sie fordert eine positive Antwort, die die kritische Theorie nicht geben kann, ohne sich aufzugeben. Denn sie kann nicht an der Stelle der Individuen denken, sie kann nicht an der Stelle der Individuen handeln und ihr Glück machen. Sartre schreibt in seinem Theaterstück *Der Teufel und der liebe Gott*: „der Gärtner weiß, was für die Karotten gut ist, aber niemand kann das Glück der Anderen machen". Deshalb werden die positiven Gesellschaftswissenschaften zum Aufzeigen der möglichen Verlängerung des jetzigen Gesellschaftszustandes und, wie Horkheimer schreibt „der Übergang von der Kritik zur Positivität und Konkretion bedeutet nicht Erhöhung sondern Resignation" (Horkheimer 1957, S. 57).

Curriculum Vitæ

Nom patronymique :   SPURK
Prénoms :   Jan, Josef, Maria
Date et lieu de naissance : 14 décembre 1956 à Dillingen/
                       Sarre (R.F.A.)
Nationalité :   allemande
Situation familiale : vie maritale, un enfant

Adresse personnelle : 30, rue Anatole France
                       94270 LE KREMLIN-BICETRE
                       tél./fax : 01.46.71.68.45
                       courrier électronique :
                       jspurk@worldonline.fr,
                       jan.spurk@paris5.sorbonne.fr

Fonction : Professeur des Universités

Etablissement actuel : Université René Descartes –Paris 5

Diplômes :

1982	Sociologue diplômé (Université de Francfort, R.F.A.)
1985	Docteur en philosophie (Université de Francfort, R.F.A.)
1995	Habilitation à diriger des recherches (Université d'Evry-Val d'Essonne)
1999	Habilitation (Université de Francfort, R.F.A.)

Bibliographie

Adorno, Theodor W. 1937, Neue wertfreie Soziologie, in Gesammelte Schriften Bd. 20.1.

Adorno Theodor W. 1949, Kulturkritik und Gesellschaft, in : Prismen. Kulturkritik und Gesellschaft, Suhrkamp-Verlag, Frankfurt 1976, S. 7-26.

Adorno Theodor W. 1950, Studien zum autoritären Charakter, Suhrkamp-Verlag, Frankfurt 1950/1973.

Adorno Theodor W. 1951, Minima Moralia. Reflexionen aus dem beschädigten Leben, Suhrkamp-Verlag, Frankfurt

Adorno, Theodor W. 1952, Zur gegenwärtigen Stellung der empirischen Sozialforschung in Deutschland, in: Soziologische Schriften I, Suhrkamp-Verlag, Frankfurt 1972, S. 478-492.

Adorno, Theodor W. 1957, Soziologie und empirische Sozialforschung, in: Soziologische Schriften I, Suhrkamp-Verlag, Frankfurt 1972, S. 196-216.

Adorno, Theodor W. 1961, Über Statik und Dynamik als soziologische Kategorien, in: Soziologische Schriften I, Suhrkamp-Verlag, Frankfurt 1972, S. 217-237.

Adorno, Theodor W. 1967, Negative Dialektik, in Gesammelte Schriften Band 6, S. 7-412.

Adorno, Theodor W. 1968, Spätkapitalismus oder Industriegesellschaft, in : Soziologische Schriften I, Suhrkamp-Verlag, Frankfurt 1972, S. 354-371, 578-587.

Adorno, Theodor W. 1969, Einleitung zum Positivismusstreit in der deutschen Soziologie, in: Soziologische Schriften I, Suhrkamp-Verlag, Frankfurt 1972, S. 280-353.

Freud Sigmund 1929/1971, Malaise dans la civilisation, PUF, Paris

Fromm Erich 1937, Zum Gefühl der Ohnmacht, in Zeitschrift für Sozialwissenschaft, 6/1937, S. 95-118.

Grossman Henryk 1932, Die Wert-Preis-Transformation bei Marx und das Krisenproblem, in Zeitschrift für Sozialforschung 1/1932, S. 55-79.

Horkheimer, Max 1931, Die gegenwärtige Lage der Sozialphilosophie und die Aufgaben des Instituts für Sozialforschung, in Gesammelte Schriften 3, Fischer-Verlag, Frankfurt 1988, S. 20-35.

Horkheimer, Max 1932, Vorwort der Zeitschrift für Sozialforschung, in Gesammelte Schriften 3, Fischer-Verlag, Frankfurt 1988, S. 36-39.

Horkheimer, Max 1937, Traditionelle und kritische Theorie, in Traditionelle und kritische Theorie. Vier Aufsätze,Fischer-Verlag, Frankfurt 1970, S. 12-56.

Horkheimer Max 1946, Zur Kritik der instrumentellen Vernunft, Gesammelte Schriften 6, Fischer-Verlag, Frankfurt 1991, S. 21-187.

Horkheimer Max 1951a, Invarianz und Dynamik in der Lehre von der Gesellschaft, in Gesellschaft im Übergang. Aufsätze, Reden und Vorträge 1942-1970, Fischer-Verlag, Frankfurt 1972, S. 73-81.

Horkheimer Max 1951b, Ideologie und Handeln, in Th. W. Adorno/M. Horkheimer Sociologica II, Europäische Verlagsanstalt, Frankfurt 1962, S. 38-47.

Horkheimer, Max and Theodor W. Adorno 1947, Dialektik der Aufklärung, Fischer-Verlag, Frankfurt 1969.

Lukacs Georg 1922/1978, Geschichte und Klassenkampf, Luchterhand-Verlag, Darmstadt-Neuwied.
Marx Karl 1972, Das Kapital, Band 1, Marx-Engels Werke, vol. 23, Dietz-Verlag, Berlin.
Marx Karl/Engels Friedrich 1969, Deutsche Ideologie, Marx-Engels Werke, vol. 3, S. 9-530.
Mills C. Wright 1967/1977, L'imagination sociologique, Maspero, Paris.
Münch Richard 1993, The contribution of German Social Theory to European Sociology, in: Nedelmann/Sztompka 1993, Sociology in Europe: in search of identity, S. 45-66.
Negt Oskar/Kluge A. 1972, Öffentlichkeit und Erfahrung, Suhrkamp-Verlag, Frankfurt.
Turner Bryan S. 1996, Sociological theory, in: The tension between globalisation and localisation: The Münch-Alexander debate, in: Revue Suisse de Sociologie, Vol. 22, Nr. 1, 1996, S. 19-23.
Sartre Jean-Paul 1945, Présentation des Temps Modernes, in Situations II, S. 7–30.
Sartre Jean-Paul 1958, Des rats et des hommes, in Situations IV, S. 38–83.
Sartre Jean-Paul 1960, Critique de la Raison Dialectique, Gallimard, Paris, 1960/1985
Schnapper Dominique 1998, La relation à l'autre. Au cour de la pensée sociologique, Gallimard, Paris
Schnapper, Dominique 1999, La compréhension sociologique, PUF, Paris. :
Spurk, Jan 2001, Critique de la raison sociale. La sociologie de l'Ecole de Francfort, Presse Universitaires de Laval/Syllepse, Québec/Paris.
Spurk, Jan 2003, Le travail dans la pensée occidentale (avec Daniel Mercure, Eds.), Presses Universitaires de Laval, Québec.
Vincent, Jean-Marie 2004, Sociologie d'Adorno, in Alain Blanc/Jean-Marie Vincent, La Postérité de l'Ecole de Francfort, Syllepse, Paris, S. 21-38.
Weber, Max, Wissenschaft als Beruf, Duncker & Humblot, Berlin 1984.

Otto von Freising-Vorlesungen

Bd. 1: **Wilhelm G. Grewe:**
Das geteilte Deutschland in der
Weltpolitik
1990. 64 S., DM 18,-
ISBN 3- 486-55854-4

Bd. 2: **Berndt von Staden:**
Der Helsinki-Prozeß
1990. 66 S., DM 18,-
ISBN 3-486-55855-2

Bd. 3: **Hans Buchheim:**
Politik und Ethik
1991. 30 S., DM 18,-
ISBN 3-486-55921-4

Bd. 4: **Dmitrij Zlepko:**
Die ukrainische katholische Kirche
– Orthodoxer Herkunft, römischer
Zugehörigkeit
1992. 62 S., DM 18,-
ISBN 3-486-55940-0

Bd. 5: **Roland Girtler:**
Würde und Sprache in der Lebens-
welt der Vaganten und Ganoven
1992. 44 S., DM 18,-
ISBN 3-486-55956-7

Bd. 6: **Magnus Mörner:**
Lateinamerika im internationalen
Kontext
1995. VI, 36 S., DM 18,-
ISBN 3-486-56009-3

Bd. 7: Probleme der internationalen
Gerechtigkeit
Herausgegeben von **Karl Graf
Ballestrem** und **Bernhard Sutor**
1993. 100 S., DM 28,-
ISBN 3-486-56010-7

Bd. 8: **Karl Martin Bolte:**
Wertwandel. Lebensführung.
Arbeitswelt
1993. 69 S., DM 18,-
ISBN 3-486-56025-5

Bd. 9: **František Šmahel:**
Zur politischen Präsentation und
Allegorie im 14.und 15. Jahrhundert
1994. 75 S., DM 18,-
ISBN 3-486-56077-8

Bd. 10: **Odilo Engels:**
Das Ende des jüngeren
Stammesherzogtums
1998. Ca. 60 S., ca. DM 18,-
ISBN 3-486-56011-5

Bd. 11: **Hans-Georg Wieck:**
Demokratie und Geheimdienste
1995. 50 S., DM 18,-
ISBN 3-486-56117-0

Bd. 12: **Franz-Xaver Kaufmann:**
Modernisierungsschübe, Familie
und Sozialstaat
1996. 57 S., DM 18,-
ISBN 3-486-56242-8

Bd. 13: **Wolfgang Brückner:**
„Arbeit macht frei". Herkunft und
Hintergrund der KZ- Devise
1998. Ca. 60 S., ca. DM 18,-
ISBN 3-486-56243-6

Bd. 14: **Manfred Hättich:**
Demokratie als Problem
1996. 26 S., DM 18,-
ISBN 3-486-56298-3

Bd. 15: **Horst Schüler-Springorum:**
Wider den Sachzwang
1997. 60 S., DM 18,-
ISBN 3-486-56309-2

Bd. 16: **Gerhard A. Ritter:**
Soziale Frage und Sozialpolitik
1998. 163 S., DM 29,-
ISBN 3-8100-2193-8

Bd. 17: **Uwe Backes:**
Schutz des Staates
1998. 80 S., DM 22,80
ISBN 3-8100-2297-7

Bd. 18: **Klaus Schreiner:**
Märtyrer, Schlachtenhelfer, Friedenstifter
2000. 138 S., DM 29,80
ISBN 3-8100-2446-5

Bd. 19: **Antonio Scaglia:**
Max Webers Idealtypus der nichtlegitimen Herrschaft
2001. 96 S., € 12,90
ISBN 3-8100-3142-9

Bd. 20: **Walter Hartinger:**
Hinterm Spinnrad oder auf dem Besen
2001. 60 S., € 12,90
ISBN 3-8100-3142-9

Bd. 21: **Martin Sebaldt:**
Parlamentarismus im Zeitalter der Europäischen Integration
2002. 77 S. € 12,90
ISBN 3-8100-3638-3

Bd. 22: **Alois Hahn:**
Erinnerung und Prognose
2003. 46 S. € 12,90
ISBN 3-8100-3952-7

Bd. 23: **Andreas Wirsching:**
Agrarischer Protest und Krise der Familie
2004. 97 S. € 12,90
ISBN 3-531-14274-7

Bd. 24: **Stefan Brüne:**
Europas Außenbeziehungen und die Zukunft der Entwicklungspolitik
2005. 104 S., € 12,90
ISBN 3-531-14562-2

Bd. 25: **Toni Pierenkemper**
Arbeit und Alter in der Geschichte
2006. 116 S., € 12,90
ISBN 3-531-14958-X

Bd. 26: **Manfred Brocker**
Kant über Rechtsstaat und Demokratie
2006. 62 S., € 12,90
ISBN 3-531-14967-9

VS Verlag für Sozialwissenschaften
ISBN 3-531-14996-2

If you have any concerns about our products,
you can contact us on
ProductSafety@springernature.com

In case Publisher is established outside the EU,
the EU authorized representative is:
**Springer Nature Customer Service Center GmbH
Europaplatz 3, 69115 Heidelberg, Germany**

Printed by Libri Plureos GmbH
in Hamburg, Germany